NACH HÖHEREM STREBEN

Orison Swett Marden

Orison Swett Marden, Fabian Schwab (Hrsg.):

NACH HÖHEREM STREBEN –

Bibliografische Information der Deutschen Nationalbibliothek:

Die Deutsche Nationalbibliothek verzeichnet diese Publikation in der Deutschen Nationalbibliografie; detaillierte bibliografische Daten sind im Internet über http://dnb.dnb.de abrufbar.

1. Auflage als Print-Buch | Dezember 2013
Übersetzung: Max Christlieb, Cornelia Bruns

Hauptstraße 7, 97497 Dingolshausen
www.erfolgsklassiker.de

Herstellung und Druck:
Siehe Eindruck auf der letzten Seite

Cover: Antoine-Jean Gros, *Bonaparte auf der Brücke von Arcole*
Umschlaggestaltung: Fabian Schwab

ISBN 978-3-944432-35-9

Geh! gehorche meinen Winken,

Nutze deine jungen Tage,

Lerne zeitig klüger sein:

Auf des Glückes großer Waage

Steht die Zunge selten ein;

Du musst steigen oder sinken,

Du musst herrschen und gewinnen,

Oder dienen und verlieren,

Leiden oder triumphieren,

Amboss oder Hammer sein.

Goethe.

INHALT

Geschäftsleben

Befreiung von Armut

Steigerung der Tatkraft

Selbstbildung und Erfolg

Vom rechten Denken

Die Möglichkeiten in jedem Menschen

1. DAS ERWACHEN DES GEISTES

„Wie macht sich der Junge, Davis?“ fragte der Landwirt John Field, während er seinen Sohn Marshall bei der Bedienung eines Kunden beobachtete. „Nun, John, wir zwei sind ja alte Freunde“, antwortete Deacon Davis, nahm einen Apfel aus einem Fass und reichte ihn Marshalls Vater als eine Art Friedensbürgschaft. „Wir sind alte Freunde, und ich möchte dich nicht kränken: aber ich bin ein offenherziger Mann und will dir die Wahrheit sagen. Marshall ist ein guter und zuverlässiger Junge, das muss man ihm lassen; aber ein rechter Kaufmann wird er niemals, und wenn er tausend Jahre bei mir im Laden bleibt. Er ist nicht aus dem Holz geschnitzt, aus dem Kaufleute gemacht werden. Nimm ihn auf dein Gut zurück, John, und lass ihn die Kühe melken!“

Wenn Marshall Field als Lehrling in dem Laden von Deacon Davis in Pittsfield, Massachusetts, geblieben wäre, wo er seine erste Stelle angetreten hatte, da wäre er allerdings nicht der „königliche Kaufmann“ geworden, der er wurde. Als er aber nach Chicago ging und die fabelhaften Beispiele von armen Jungen sah, die die größten Erfolge erreichten, da wurde sein Ehrgeiz aufgeweckt und der Entschluss in ihm entzündet, selber ein

Großkaufmann ersten Ranges zu werden. Er sagte zu sich selbst: „Wenn andre so wunderbare Erfolge haben, warum sollte ich das nicht auch können?“

Natürlich waren in Field die Anlagen zu einem großen Kaufmann von Anfang an vorhanden. Aber die äußeren Umstände und eine den Ehrgeiz und das Streben erweckende Umgebung trugen doch sehr viel dazu bei, dass die in ihm noch ohne Wirkung ruhende Energie ausgelöst wurde und seine verborgenen Kräfte zum Vorschein kamen.

Viele glauben, der Ehrgeiz sei eine Eigenschaft, die mit uns geboren sei, und könne eigentlich nicht gepflegt oder vergrößert werden; er sei uns gleichsam in die Wiege gelegt und entwickle sich ganz von selber. Aber das ist nicht richtig: gerade die Pflege macht beim Ehrgeiz sehr viel aus und ist unbedingt nötig bei ihm, etwa wie bei der musikalischen Begabung, die ungepflegt bald verkümmert.

Wenn wir gar nichts dazu tun, unsern Ehrgeiz in Taten umzusetzen, so bleibt er nicht, wie er war: seine Kraft verliert sich, und er wird stumpf, unser ganzes Streben wird matt und schwach. Wie können wir auch erwarten, dass er frisch und kräftig bleibt, wenn wir jahrelang in Untätigkeit, Trägheit und Gleichgültigkeit dahinleben? Wenn wir fortwährend die Gelegenheiten verpassen, ohne auch nur den Versuch zu machen, sie zu benutzen, so wird unser ganzes Streben stumpf und schwach.

Emerson sagt: „Was ich am nötigsten brauche, das ist ein Mensch, der mich veranlasst, alles zu leisten, was ich leisten kann.“ Meine Aufgabe ist, alles zu leisten, was ich kann, nicht was Männer wie Napoleon oder Lincoln leisten konnten, sondern was ich leisten kann. Alles kommt darauf an, dass ich das Beste aus mir heraushole: und es ist ein himmelweiter Unterschied, ob ich zehn, fünfzehn, fünfundzwanzig oder neunzig Prozent meiner Fähigkeiten nutzbar mache.

Es gibt unzählige Menschen, die die Mitte des Lebens erreicht haben, ohne richtig aufgewacht zu sein. Sie haben nur einen kleinen Teil ihrer Erfolgsmöglichkeiten entwickelt und nutzbar gemacht. Sie leben sozusagen noch im Schlaf. Das Beste in ihnen liegt so tief verdeckt, dass es noch gar nicht erwacht ist. Wenn wir solche Menschen treffen, so fühlen wir deutlich, dass sie einen verborgenen Vorrat von Kräften haben, die noch gar nicht in Wirksamkeit getreten sind. Weitaussehende Möglichkeiten schlummern unbewusst und ungenutzt in ihnen und gehen auf diese Weise ihrem allmählichen Untergang entgegen.

Der oberste Richter einer blühenden Stadt im Westen, heute einer der angesehensten Rechtsgelehrten des Landes, war bis zur Mitte seines Lebens, bis zum Erwachen seiner schlummernden Kräfte, ein unwissender Schmied. Jetzt ist er sechzig Jahre alt, hat die beste Büchersammlung der ganzen Stadt, gilt für ihren gebildetsten Einwohner und genießt den Ruf, dass sein höchster Ehrgeiz darin bestehe, andern Menschen zu helfen. Was hat diese Umwälzung in seinem Leben hervorgebracht? Es war das Hören eines einzigen Vortrags über den Wert der Bildung. Das erweckte die schlummernden Kräfte in ihm, entzündete seinen Ehrgeiz und stellte seine Füße auf den Weg der Selbstentwicklung.

Ich bin verschiedenen Menschen begegnet, die erst um die Mitte des Lebens erkannten, was für Möglichkeiten in ihnen schliefen. Dann aber wachten sie ganz plötzlich auf, und zwar war der Anlass das Lesen eines anregenden oder begeisternden Buches, das Hören eines Vortrags oder einer Predigt, das Zusammentreffen mit einem Menschen, der sie verstand, Vertrauen zu ihnen hatte und ihnen Mut einflößte.

Es hängt für dich ungeheuer viel davon ab, ob du mit Menschen zusammen bist, die an dich glauben, die ermutigen und loben, oder mit solchen, die alle deine Ideale herabziehen, deine Hoffnungen verspotten und kaltes Wasser auf das Feuer deines Ehrgeizes schütten.

Bei den meisten von uns braucht es gar keine so energischen Einflüsse, um sie zu verändern. Wir folgen ganz von selbst dem Beispiel, das unsre Umgebung uns gibt, und steigen und fallen mit den Wellen, auf denen wir schwimmen. Das Wort des Dichters:

Von allem, das ich seh‘, bin ich ein Teil

ist nicht bloß ein müßiges Spiel der Einbildungskraft, sondern es spricht die volle Wahrheit aus. Alles, was du erlebt hast, jede Predigt, jedes Buch, jedes Gespräch, jeder Mensch, mit dem du zusammen warst – alles hat auch in deinem Wesen einen Eindruck hinterlassen und du bist, nachdem du eine Erfahrung gemacht hast, nicht mehr ganz derselbe wie vorher, sondern etwas hat sich in dir und an dir verändert – wie Beecher sagte, er sei niemals mehr derselbe Mensch wie vorher, wenn er in Ruskin gelesen habe.

Wenn wir die Tausenden von Menschen ausfragen könnten, die es nie zu etwas Rechtem gebracht haben, so würden wir sicher als Hauptursache den Umstand finden, dass sie nie in die richtige anfeuernde und ermutigende Umgebung gekommen sind, ihr Ehrgeiz also nie entfacht wurde, oder dass sie in einer niederdrückenden, entmutigenden oder gar schlecht machenden Umgebung nicht stark genug zum Widerstand gewesen waren.

Wie es dir auch gehen mag – kein Opfer sollte dir zu groß sein, durch das du es erreichen kannst, in einer Umgebung zu leben, die deinen Ehrgeiz anfacht und dich dazu antreibt, an deiner Weiterbildung zu arbeiten. Halte dich zu Leuten, die dich verstehen und an dich glauben, die dir helfen, dich selbst zu finden, und die dich ermutigen, so viel aus dir zu machen, als du kannst. Davon kann es für dich abhängen, ob du etwas Besonderes wirst oder immer etwas Mittelmäßiges bleibst.

Wähle zu deinem Umgang Menschen, die selber danach streben, etwas Rechtes in der Welt zu werden, Menschen mit hohen Zielen und kühnem Ehrgeiz. Halte dich zu solchen, denen es Ernst ist. Ehrgeiz ist ansteckend: der Geist, der in deiner Umgebung herrscht, wird auf dich übergehen. Der Erfolg derer, die neben dir in die Höhe zu kommen streben, wird dich ermutigen und antreiben, dass du noch eifriger nach hohen Dingen trachtest, als du es vielleicht bisher getan hast.

Eine verbundene Mehrzahl von Menschen, die nach hohen Zielen streben, gleicht einer elektrischen Batterie und entwickelt eine starke magnetische Kraft, die dir hilft, dem Ziel deines Ehrgeizes näher zu kommen. Es ist im höchsten Grad anfeuernd, mit Menschen zusammen zu sein, deren Streben in derselben Richtung geht wie das deine. Wenn es dir an Energie fehlt, wenn du träge oder gleichgültig oder leichtsinnig wirst, so wird das beständige Drängen der anderen, die mehr Ehrgeiz haben und stärker emporstreben, auch dich mit vorwärts treiben.

2. WAS DIE WELT DEN TRÄUMERN VERDANKT

Gehörst du zu den Träumern?

Die meisten Dinge, die das Leben erst lebenswert machen, die der Menschheit die gröbste Arbeit ersparen und sie über das bloße stumpfe Dasein hinausheben, kurz alle Annehmlichkeiten des Lebens verdanken wir den Träumern.

Nimm die Träumer aus der Weltgeschichte weg – wer wollte sie dann noch lesen? Unsre Träumer sind der Vortrupp der Menschheit, die Arbeiter, die mit gebeugtem Rücken und im Schweiß ihres Angesichtes die Wege bahnen, auf denen die Menschheit von Geschlecht zu Geschlecht vorwärts zieht.

Die Gegenwart ist nur die Summe aller Träume der Vergangenheit und ihre Verwirklichung.

Ohne die Träumer drängte sich die Bevölkerung Amerikas noch an der atlantischen Küste zusammen!

Die eigentlich und am stärksten „praktischen" Leute sind die, die am schärfsten in die Zukunft blicken und die kommende Höhe der Kultur vorausschauen, die den

Menschen der Zukunft schon jetzt im Geist frei sehen von all den hemmenden Fesseln, einengenden Schranken und bindenden Vorurteilen von heute. Sie haben die Fähigkeit, das Kommende vorauszusehen, und zugleich die Kraft, es zu verwirklichen. Die Träumer allein haben das scheinbar Unmögliche geleistet.

Die angeblich „ganz praktischen" Menschen geben zwar den Wert der Einbildungskraft für den Künstler, den Musiker, den Dichter zu, glauben aber, dass sie für die große Welt der Wirklichkeit keinen Wert habe. Und doch waren alle Anführer der Menschheit „Träumer". Auch die Männer, die in der Industrie eine führende Rolle gespielt haben, und unsre „königlichen Kaufleute" waren sämtlich durch starke und prophetische Einbildungskraft ausgezeichnet. Sie hatten einen unerschütterlichen Glauben an die unbegrenzten Möglichkeiten für Gewerbe und Handel in unserm Volk.

Wie viele bloße Tatsachenmenschen ohne Einbildungskraft brauchte man wohl, um für den Fortschritt der Menschheit Männer wie Edison, Tesla, Bell oder Marconi, Arco oder Röntgen aufzuwiegen?

Die Träume der Männer, die die drahtlose Telegraphie erfanden, haben bei den Schiffsunglücken schon Hunderten das Leben gerettet.

Der arme Bergwerkjunge George Stephenson träumte von einer Maschine, die Lasten bewegen sollte, und hat damit eine Umwälzung des gesamten Welthandels zuwege gebracht.

Die Fähigkeit zu „träumen“ ist geradezu ein göttliches Erbteil der Menschen. Kein Leiden kann uns heute niederdrücken, solange wir von einem schönen „Morgen“ träumen. Keine Mauer schließt uns ein, wenn wir „träumen“ können.

Die Fähigkeit, sich in einem Augenblick über alle Verlegenheiten, Schwierigkeiten und widrigen Umstände zum vollen Einklang des Schönen und Wahren zu erheben, ist eine unschätzbare Gabe. Wie mancher hätte nicht Hoffnung und Mut genug, den Kampf des Lebens weiter zu kämpfen, wenn ihm diese Fähigkeit des Träumens genommen würde.

Dieses Träumen ist eine für den Amerikaner ganz besonders bezeichnende Eigenschaft. Auch in Armut und Missgeschick bleibt er voll Selbstvertrauen und bietet dem Schicksal Trotz in der festen Überzeugung, dass bessere Zeiten kommen werden. Die untergeordnetste Handlungsgehilfin träumt von ihrem eigenen Geschäft, der ärmste Fabrikjunge von seinem prächtigen eigenen Heim.

Es ist etwas Herrliches um das Träumen – aber nur, wenn man die Willenskraft und die Ausdauer besitzt, seine Träume in Wirklichkeit umzusetzen. Träumen, ohne sich anzustrengen, wünschen, ohne etwas zu tun, dass der Wunsch auch verwirklicht wird, das zerstört den Charakter. Nur das Träumen hat Wert, das verbunden ist mit festem Entschluss und harter Arbeit.

Man kann diese Fähigkeit des Träumens natürlich auch missbrauchen. Viele Menschen tun gar nichts als träumen und verbrauchen ihre ganze Kraft mit dem Bauen von Luftschlössern, die sie doch niemals auf den Boden der Wirklichkeit stellen, und so leben sie in einem Dunstkreis von Unnatur und Künstlichkeit, bis ihre Anlagen durch Nichtgebrauch verkümmern.

So weit als wir unsre Träume zur Wirklichkeit machen, so weit nimmt unsre Kraft und Fähigkeit zu. Die Verwirklichung unsrer Träume ist eine Quelle der Begeisterung zu neuen Unternehmungen.

Lass dir das Träumen nicht verbieten. Im Gegenteil, träume recht fleißig und glaube an die Verwirklichung deiner Träume, denn es sind Gottesgaben, die dich größer, stärker und besser machen. Hohes Streben ist wie eine Hand, die dir den Weg zeigt – und dieser Weg führt himmelwärts. Wie deine Träume sind, so wird dein Leben sein: sie sind Weissagungen von dem, was dein Leben sein sollte und sein kann.

Es kommt darauf an, dass wir unser Leben nach dem Bild gestalten, das unsre Träume uns in unsern höchsten Augenblicken zeigen, und dass wir diese Augenblicke für die Ewigkeit festhalten.

3. NUR DAS BESTE IST GUT GENUG

Tausende werden ihr ganzes Leben lang auf untergeordneten Stellungen festgehalten, weil sie nicht mehr imstande sind, die Schäden ganz zu überwinden, die ihnen früh erworbene Gewöhnung an nachlässiges Arbeiten zugefügt hat. Vielleicht war es schon in der Schule, dass sie anfingen, ihre Aufgaben unpünktlich und ungenau zu machen, sich um schwierige Dinge herumzudrücken, der Arbeit auszuweichen oder sie bloß halb zu tun. Neulich sah ich in einem Geschäft einen Spruch an der Wand, der einen großen Eindruck auf mich machte: „Nur das Beste ist gut genug!" Welch ein wunderbarer Wahlspruch fürs Leben! Wie würde die ganze Welt verändert, wenn jedermann nach diesem Spruch lebte und arbeitete, wenn jeder sich sagte: was ich auch tue, nur das Beste, was ich leisten kann, ist gut genug! Die Geschichte der menschlichen Gesellschaft zeigt uns in zahllosen Fällen, was für schreckliche und erschütternde Folgen durch Nachlässigkeit und durch ganz unentschuldbare Versehen entstanden, weil so viele Menschen sich nicht daran gewöhnen können, gründlich und genau zu arbeiten und jede Arbeit tadellos fertigzumachen. Überall auf der Welt gewahren wir die traurigen Folgen elenden Stückwerks. Zahllose Gräber, vater-

oder mutterlose Kinder – sie alle erzählen davon, dass irgendjemand nachlässig war, ein Versehen gemacht oder nicht pünktlich gearbeitet hatte.

Wenn alle Menschen bei jeder Arbeit ihr Gewissen zu Rate zögen und sie vollständig und tadellos ausführten, so würden nicht bloß viele Menschenleben gespart, es liefen nicht bloß tausendmal weniger verstümmelte Menschen herum, sondern wir hätten eine höher entwickelte Menschheit.

Wer gewohnheitsmäßig seine Arbeit kümmerlich und liederlich macht, der wird bald auch in andern Dingen unzuverlässig werden. Wer gewohnheitsmäßig seine Arbeit vernachlässigt, der verschlechtert seinen Charakter. Flickwerk bei der Arbeit macht das ganze Leben zum Flickwerk. Unsre Arbeit ist ein Teil von uns selbst. Jede unvollständige und nachlässige Arbeit, die aus deiner Hand kommt, macht dich unfähiger, gute Arbeit zu liefern: sie ist eine Beleidigung deiner Selbstachtung, eine Versündigung an deinem höchsten Ideal. Jedes schlechte Stück, das du lieferst, ist ein Feind, der dich herabzieht und dich hindert, vorwärts zu kommen und besser zu werden.

Eines der wichtigsten Vorzeichen des Erfolges ist die brennende Sehnsucht, seine Sachen wirklich fertig zu machen und im Kleinen ebenso genau zu sein wie im Großen. Der junge Mann, der vorwärts kommt, ist allemal der, der nicht damit zufrieden ist, wenn er etwas „leidlich“ gemacht hat, und der nichts halbfertig aus der Hand gibt: Nur was vollständig ist bis zur Vollkommenheit, genügt den Ansprüchen, die er an sich selber stellt. Solche Leute, die das unstillbare Verlangen in sich tragen, überall der Beste zu sein, das Beste zu leisten und das Beste zu haben, die halten die Fahne des Fortschritts in der Hand und werden Vorbilder und Ideale für andre.

Es ist mit Recht gesagt worden: Nachlässigkeit und Unwissenheit wetteifern miteinander, wer das meiste Unglück in die Welt bringen kann. Wie mancher junge Mann kommt nicht vorwärts, weil er eine Eigenschaft hat, die er für ungefährlich hält: Nachlässigkeit, Mangel an Genauigkeit. Nie macht er etwas ganz fertig, was er angefangen hat; nie kann man sich bei ihm darauf verlassen, dass etwas ganz in Ordnung ist, das er abliefert: immer muss noch jemand seine Arbeit nachprüfen. So gibt es Hunderte von Handlungsgehilfen und Buchhalter, die nie über ein ganz kleines Gehalt und eine ganz untergeordnete Stellung hinauskommen, weil sie eben nicht gelernt haben, eine Sache vollkommen recht zu machen. Die meisten jungen Leute sehen nicht, dass die Sprossen der Leiter, die zu den höchsten Stellen führt, nur aus der treuen Erfüllung der ganz gewöhnlichen, niederen, alltäglichen Pflichten bestehen, die sie in ihrer jetzigen Stellung zu erfüllen haben. Deine Arbeit von heute ist der Schlüssel zu der Tür deiner Beförderung für morgen. Es gibt viele Angestellte, die auf irgendeine große Sache warten: die soll ihnen Gelegenheit geben, zu zeigen, was sie wert sind. „Was kann dieses trockene Einerlei, diese gewöhnliche und alltägliche Arbeit nützen, um mich vorwärts zu bringen?“ so sagen sie zu sich selber. Aber nur der kommt voran in der Welt, der die günstige Gelegenheit gerade in diesen einfachen Arbeiten entdeckt, der in ganz gewöhnlichen Umständen ungewöhnliche Möglichkeiten erblickt. Was die Aufmerksamkeit deines Vorgesetzten und andrer Leute auf dich lenkt, das ist folgendes: tu deine Arbeit ein wenig besser als die Leute um dich herum, mache sie ein wenig hübscher, ein wenig schneller, ein wenig genauer, ein wenig sorgfältiger als die andern; sei findig im Entdecken, wie man alte Dinge auf neue und bessere Art machen kann; sei ein wenig höflicher und zuvorkommender, ein wenig taktvoller, fröhlicher und hoffnungsfreudiger, ein wenig energischer und brauchbarer als die andern!

Auch wenn du noch so wenig dafür bekommst, darfst du doch niemals eine Arbeit aus der Hand geben, für die du nicht mit gutem Gewissen einstehen kannst. Wenn du eine Arbeit fertigmachst, so musst du imstande sein zu sagen: „Hier ist mein Werk, ich bin bereit, dafür aufzukommen. Es ist nicht bloß annähernd leidlich gemacht, es ist gearbeitet, so gut als ich es machen konnte, es ist vollkommen fertiggemacht. Ich will dafür aufkommen, jeder darf mich nach dieser Arbeit beurteilen.“ Gründlichkeit und Vollständigkeit der Arbeit – das waren die Eigenschaften aller erfolgreichen und großen Männer. „Genie ist Fleiß.“

Nur dem Fleiß, den keine Mühe bleichet,
Rauscht der Wahrheit tief versteckter Born.

Aber viele von unsern amerikanischen Landsleuten scheinen zu glauben, dass sie sich alle Arten von ärmlicher, nachlässiger, halbfertiger Arbeit leisten und damit doch Erfolge erster Güte erreichen könnten.

Dickens ließ sich nie darauf ein, öffentlich vorzulesen, wenn er sich nicht ganz sorgfältig vorbereitet hatte. Es war seine Gewohnheit, ein Stück, das er vorlesen wollte, sechs Monate vorher täglich für sich zu lesen.

Der große französische Schriftsteller Balzac arbeitete oft an einer Seite eine ganze Woche, und da wundern sich noch manche unter den wie Pilze über Nacht aufgeschossenen Schriftstellern unsrer Tage, warum Balzac so berühmt ist. Manche entschuldigen sich, wenn sie kümmerliche und nachlässige Arbeit liefern, sie hätten keine Zeit gehabt, bessere zu machen. Aber in allen gewöhnlichen Lebenslagen hat man Zeit genug, alles so zu tun, wie es getan werden soll, und wenn wir uns daran gewöhnten, stets nur vollkommene Arbeiten aus der Hand zu geben, so wäre unser Leben selbst unendlich viel vollkommener, und es wäre ein Ganzes, während es heute meist nur Stückwerk ist.

Strebe nach dem Höchsten und lass dich durch nichts davon abbringen. Habe nie etwas zu tun mit minderwertiger Arbeit. Was für einen Beruf du auch hast – dein Warenzeichen sei stets: Tadellose Arbeit.

4. WOLLEN SCHAFFT WIRKLICHKEIT

Die Sehnsucht, die wir im Herzen tragen, die Wünsche, die unsre Seele erfüllen, sind mehr als bloße Luftgebilde der Einbildung oder müßige Träume. Sie sind Weissagungen, Vorausverkündigungen, Vorboten und Vorläufer dessen, was dereinst Wirklichkeit werden kann. Sie sind die Gradmesser dessen, was als Möglichkeit in uns liegt, sie bezeichnen die Höhe unsres Strebens und die Weite unsrer Kraft.

Viele Menschen lassen ihre Sehnsucht allmählich abflauen, weil sie nicht wissen, dass gerade durch die Stärke und Wärme dieser Sehnsucht unsre Kraft zur Verwirklichung wächst.

Die Sehnsucht, die uns erfüllt, gibt uns schöpferische Kraft, das zu tun, was wir tun wollen, sie wirkt auf unsre Fähigkeiten wie ein Mittel, das sie stärkt und frisch erhält, und lässt so unsre Träume zur Wahrheit werden.

Die Natur ist wie ein Geschäft, in dem alle Waren den gleichen Preis haben: wenn wir ihn bezahlen, so erhalten wir, was wir wollen. Unsre Gedanken gleichen Wurzeln, die wir in den Boden der allgemeinen Weltenergie einsenken und durch die diese Energie in uns einströmt und alles anzieht, was zur Erfüllung unsrer Sehnsucht dient.

Der Zugvogel hat den Trieb nach Süden zu fliegen nur deshalb, weil es einen wirklichen Süden gibt. Ebenso hat der Schöpfer diese Sehnsucht nach einem höheren, reicheren Leben, in dem das, was in uns liegt, sich vollkommen entfalten kann, nicht in uns gelegt, ohne uns auch die Möglichkeit ihrer Erfüllung zu sichern. Hinter all unsern guten und berechtigten Wünschen steht die Gottheit selber als Bürge ihrer Erfüllung.

Aber das gilt freilich nicht von unsern kindischen Wünschen nach Dingen, die wir bloß haben möchten, aber gar nicht wirklich brauchen, nicht von den Dingen, die süß scheinen und wenn wir sie kosten, in unsrem Mund zu Asche werden, sondern nur von der berechtigten Sehnsucht der Seele nach voller, freier Selbstentfaltung, nach einem Leben, in dem wir uns nach dem Bild gestalten können, das uns in unsern höchsten Augenblicken vorschwebt. Unsre Ideale sind die vorausfallenden Schatten der Wirklichkeit, die hinter ihnen steht.

Wir vermehren oder vermindern unausgesetzt unsre Leistungsfähigkeit je nach der Art der Gedanken, Gefühle oder Ideale, die uns erfüllen. Willst du den Charakter eines Menschen kennen, so frage ihn nur nach seinem Ideal, denn das ist das Gestaltende in ihm.

Die Gedanken, Gefühle, Ideale oder Wünsche, die uns am stärksten bewegen, die gestalten unser Leben und unser Wesen nach sich selber. Deshalb muss in uns immer der Zug nach der Höhe lebendig sein: wir müssen entschlossen sein, niemals, weder in Gedanken noch in Handlungen, herabzublicken nach dem, was unter uns liegt, oder gar uns damit zu begnügen, sondern alles, was wir tun, soll den Stempel der Vollkommenheit tragen. Diese Richtung unsres Geistes nach aufwärts zieht unser ganzes Leben nach oben: ein solcher Geist ist stets in der Verfassung, seine größte Kraft auszugeben und kann mit all den tausend Feinden unsres Glücks, unsres Erfolges und unsrer Leistungsfähigkeit fertig werden.

Wenn wir etwas beständig in Gedanken bejahen, dann sind wir auf dem Weg, es zu erreichen, auch wenn es zunächst kaum möglich erscheint. Wenn wir das Ideal, das wir verwirklichen wollen, sei es nun körperliche Gesundheit oder geistige Vornehmheit, uns so lebhaft als möglich vor die Augen des Geistes stellen und mit aller Kraft danach streben, dann ist die Wahrscheinlichkeit, dass wir es erreichen, viel größer, als wenn wir das nicht tun.

Die Sehnsucht muss sich zum Entschluss verfestigen, nur dann ist sie wirksam und arbeitet an ihrer eigenen Verwirklichung. Heiße Sehnsucht und kraftvolle Entschlossenheit vereint geben schaffende Kraft; Sehnen und Streben zusammen machen erst den Erfolg. Dagegen verschwindet ein bloßes Sehnen ohne ernstes Streben, eine Sehnsucht, die nichts zu ihrer eigenen Verwirklichung tut, ganz von selbst.

Unsre Ideale sind die stärksten Charakterbildner und haben den größten Einfluss auf die Gestaltung unsres Lebens. Unser beständig im Herzen getragenes Ideal prägt sich in unsrem Äußeren und in unsrem Leben aus.

Alles, was wir im Leben erreichen, haben wir vorher in unsrem Geist geschaffen, wie ein Haus schon wirklich und fertig vor dem Geist des Baumeisters steht, ehe auch nur ein einziger Stein auf den Grund gelegt wird. Die Bilder unsrer Träume sind die Pläne zu unsrem Lebensbau. Aber sie bleiben bloße Pläne, wenn wir uns nicht mit kräftigem Entschluss daran machen, sie auszuführen, gerade wie der Plan des Baumeisters nur auf dem Papier bleibt, wenn der Maurer und der Zimmermann nicht an die Arbeit gehen.

Willst du in irgendeiner bestimmten Richtung vollkommener werden, so stelle dir die betreffende Eigenschaft so lebhaft und so andauernd wie möglich vor und denke dir ein ganz bestimmtes Ideal. Halte das beständig vor deinen Blicken fest, bis du spürst, wie es dich emporzieht und sich allmählich verwirklicht. So wird schließlich der schwache und unvollkommene Mensch verschwinden, den Fehler, Sünden und Laster aus dir gemacht haben, und an seine Stelle tritt der ideale Mensch, dein andres, besseres, göttliches Selbst.

Es liegt eine unwiderstehlich schaffende Kraft darin, dass wir unsern Geist beständig auf die Richtung einstellen, nach der unsre Sehnsucht geht: sie zieht das Ersehnte geradezu herbei und macht das wirklich, was wir wollen.

Unsre geistige Haltung, die Sehnsucht, die unser Herz erfüllt, ist ein beständiges Gebet, das die Natur schließlich erhört.

5. DIE WEISHEIT DES ERWARTENS

Es liegt eine unwiderstehliche Kraft in der Gewohnheit, etwas ganz bestimmt zu erwarten, ganz fest zu glauben, dass wir unsern Wunsch verwirklichen werden. Nichts hilft uns so viel, als eine hoffnungsvolle Haltung des Geistes, die stets und überall das Beste, das Höchste, das Schönste erwartet.

Der Glaube, dass wir etwas erreichen werden, wirkt aufs stärkste zur Erreichung mit. Die feste Hoffnung, dass uns ein behagliches Heim, Wohlstand, Einfluss, Ansehen, Stellung gewiss ist, bringt allein schon diese Dinge der Verwirklichung näher.

Wie viele leben nach der falschen Überzeugung, dass die guten Dinge nur für andre in der Welt sind und nicht für sie selber; sie beruhigen sich bei dem Glauben, dass sie nicht zu denen gehören, die darauf Anspruch haben. Aber warum gehören sie nicht zu denen? Bloß weil sie sich nicht getrauen, sich unbefangen zu ihnen zu rechnen, weil sie sich selbst für minderwertig halten, weil sie sich selber Schranken setzen. Es gibt keine Möglichkeit, die Güter dieser Welt zu erreichen für den, der vollkommen überzeugt ist, er habe keinen Anspruch darauf.

Wenn du freilich umhergehst mit einem Gesicht, als wenn du jedermann um Entschuldigung bitten wolltest, dass du überhaupt da seiest, als wenn du froh wärest, das aufzulesen, was die andern wegwerfen, als wenn du überzeugt wärest, alles Gute sei nichts für dich, dann wird dich allerdings jeder für etwas höchst Minderwertiges halten.

Wir sind immer schon auf dem Weg, das zu erreichen, was wir ernstlich wollen: wenn wir aber nichts wirklich wollen, so bekommen wir auch nichts. Keiner kann reich werden, solang er mehr oder weniger überzeugt ist, er werde arm bleiben.

Wer reich werden möchte und doch beständig nichts andres erwartet, als arm bleiben zu müssen, der ist gerade so töricht, als wer nach Osten kommen möchte und beständig nach Westen fährt. Nichts kann dem zum Erfolg helfen, der seine eigene Kraft zum Erfolg bezweifelt und so beständig den Misserfolg herbeizieht. Wer Erfolg haben will, der muss den Erfolg bestimmt erwarten: seine Gedanken müssen vorwärtsschreitend, schöpferisch, aufbauend, erfinderisch und vor allem hoffnungsvoll sein.

Für einen bestimmten Zweck zu arbeiten und etwas ganz andres zu erwarten, ist tödlich für jeden Erfolg. Wie groß auch der Wunsch nach Glück ist, eine trübselige und armselige Haltung des Geistes verschließt alle Tore, die dahin führen.

Die meisten Menschen nehmen ihren Anstrengungen von vornherein viel von ihrer Wirkung, weil ihre geistige

Haltung nicht mit ihrem Ziel übereinstimmt und sie während der Arbeit für eine Sache etwas ganz andres erwarten: so treiben sie den Erfolg geradezu von sich weg. Sie gehen an ihre Arbeit nicht mit der sicheren Erwartung des Gelingens heran, die den Sieg erzwingt, nicht mit der Entschlossenheit und dem Vertrauen, die gar keine Niederlage für möglich halten.

Was die Seele erwartet, das baut sie auf. Nichts macht eine Krankheit so schnell schlimmer, wie eine Haltung des Geistes, die ängstlich auf jedes Anzeichen merkt und so die Lebenskraft schwächt. Es wirkt wahrhaft niederdrückend, wenn man so beständig etwas erwartet, das uns Leiden oder gar Tod bringt, es trocknet die Quelle des Lebens und seiner Kraft aus und schwächt das unglückliche Opfer mit unheimlicher Schnelligkeit. Umgekehrt ist hoffnungsvolles Erwarten der Besserung und fester Glaube daran ein wirkliches Heilmittel. Der Glaube an die Arznei oder an den Arzt wirkt viel mehr zur Heilung mit, als die Arznei oder der Arzt selber.

Wenn du dich so weit bringst, dass du gar nicht mehr anders kannst als glauben, die Zukunft bringe dir lauter Gutes, Gesundheit, Wohlstand, Glück, Ansehen – so ist das mehr wert für dich zum Vorwärtskommen, als eine große Geldsumme.

Fast alle Menschen meiner Bekanntschaft, die es zu etwas gebracht haben, waren gewohnt, stets zu erwarten, dass die Dinge sich gut für sie entwickeln werden. Wie trübe und entmutigend auch der Ausblick zu sein schien – sie waren felsenfest überzeugt, es wird gut ausgehen.

Diese Haltung des Geistes zieht in geheimnisvoller Weise die Dinge zu uns heran, die wir wünschen, gerade wie wenn unser Eigentum zu uns kommen wollte.

Unsre Kräfte arbeiten unter einem höheren Befehl und haben die Neigung, das zu leisten, was wir von ihnen erwarten. Wenn wir viel von ihnen verlangen und ihnen befehlen, sie sollen unsre Wünsche verwirklichen, so stellen sie sich in Reih und Glied und helfen uns.

Wenn wir Großes von uns verlangen, so holen wir das Beste aus uns heraus und setzen Kräfte in Bewegung, die ohne das verborgen geblieben wären.

Glaube von ganzem Herzen, dass du das ausführen wirst, wozu du bestimmt bist. Lass keinen Augenblick Zweifel daran aufkommen, vertreibe derartige Gedanken sofort und gib bloß günstigen Gedanken Einlass, die das bejahen, was du erreichen willst.

Lebe in beständiger Erwartung immer besserer Dinge, in der Überzeugung, dass etwas Großes und Schönes deiner harrt, wenn du verständig darauf hinarbeitest, deinen Geist in schöpferischer Verfassung erhältst und nicht nachlässt zu ringen und zu kämpfen. Nichts bringt dich schneller hoch, als die hoffnungsvolle Erwartung, dass deine Sache gut ausgehen wird, dass du Erfolg haben und in jedem Fall, es mag gehen wie es will, glücklich sein wirst.

Wer mit dieser Hoffnung ausgerüstet und entschlossen ist, sein Ziel zu erreichen, dem kann die halbe Welt in den Weg treten: seine bloße Entschlossenheit schlägt die

Feinde seines Erfolgs in die Flucht, denen der Schwankende und Unentschlossene niemals standhalten kann.

6. DIE WUNDERBAREN ERFOLGE HÖFLICHER HARTNÄCKIGKEIT

Ein guter Teil des Erfolgs mancher Geschäftsmänner beruht auf ihrer Gabe der höflichen Hartnäckigkeit.

Der Mann, der sich nicht unterkriegen lässt, wie unangenehm auch der andre sei, den er zum Kunden haben will, der gewinnt seine Sache schließlich: er kommt nicht bloß zweimal, sondern drei- und viermal wieder und sein Lohn ist zuletzt nicht bloß die Anerkennung seines „Gegners", sondern der Abschluss des Geschäfts, den er seiner mit höflichen Formen verbundenen Ausdauer verdankt. Er lässt kein „Nein" als Antwort gelten, aber er beharrt auf seiner Sache so höflich und in so angenehmer Weise, dass ihm niemand etwas übelnehmen kann.

Wer sich leicht abweisen lässt, der wird nicht viel erreichen. Es liegt in der Natur des Menschen, gegen alle Leute, die etwas von ihm erreichen wollen, misstrauisch zu sein: und wenn man erst sieht, dass man den Quälgeist leicht loswerden kann, so tut man's auch. Wo man aber auf sanften, jedoch hartnäckigen Widerstand stößt, da ist das nicht so leicht und man gibt oft aus reiner Bewunderung für die höfliche Hartnäckigkeit nach.

Wer höfliche Formen, angenehmes Wesen und Humor mit nie nachlassender Hartnäckigkeit vereinen kann, der ist gut dran. Es ist keine Kunst, etwas gut zu machen, was angenehm zu betreiben oder wofür man begeistert ist – aber es ist nicht leicht, etwas mit ganzem Herzen zu tun, was an sich unangenehm ist und unserm ganzen Wesen widerspricht, was wir aber eben tun müssen aus bestimmten Gründen. Jeden Morgen mit gutem Mut und ehrlichem Eifer an eine Arbeit gehen, die uns nicht liegt, bloß weil es unsre Pflicht ist – das ist schon fast heldenhaft zu nennen. Aber nur der wird etwas erreichen, der das, wie man sagt, mit Grazie tun kann, so dass man ihm nicht anmerkt, wie unangenehm es ihm ist, mit einem Wort, der sich beherrschen kann und sich selbst in der Gewalt hat.

Nichts erweckt größere Bewunderung, als wenn ein Mensch sich etwas ganz bestimmt vorsetzt und dann seine ganze Kraft zusammennimmt, um es auszuführen. Wenn du diesen Eindruck erweckst, dann wirst du deinen Weg machen. Aber sobald du Unentschlossenheit zeigst und zurückweichst, dann merken die Leute, dass du kein Eisen im Blut hast, dass du weich bist, und du wirst an die Wand gedrückt.

Es ist nie etwas Großes geleistet worden ohne Ausdauer und Hartnäckigkeit. Ein weicher, schwankender, halbherziger Mensch findet nirgends rechte Achtung, niemand traut ihm etwas Rechtes zu. Dagegen der Energische, dem man seine Hartnäckigkeit anfühlt, erweckt Vertrauen, und mit diesem Vertrauen wird es ihm leicht, sein Ziel zu erreichen.

Wenn du fähig bist, fest und unerschütterlich bei deinem Vorsatz zu bleiben, wenn du die Gabe hast, Hartnäckigkeit mit guten Formen zu verbinden, so kannst du alles durchsetzen, was du willst.

Wie kommt es, dass der Ruhm Lincolns immer größer wurde und sein Charakter immer bedeutender erschien? Weil er keinen Flecken auf seinem Ruf duldete und niemals seine Kraft für etwas Schlechtes einsetzte.

Wo in der ganzen Geschichte hat ein Mann, der bloß reich war, bloß unermesslich viel Geld hatte, so viel Gutes gewirkt, die Menschheit um so viel höher gehoben, wie dieser arme Hinterwäldlerjunge? Er ist ein überwältigender Beweis dafür, dass die größte Kraft in der Welt der Charakter ist.

Wenn ein junger Mann seine Laufbahn mit dem Entschluss beginnt, seinen Charakter als Kapital zu verwenden und seinen ganzen Menschenswert einzusetzen für jede Verpflichtung, die er eingeht, dann kann es ihm nicht fehlen – selbst wenn er äußerlich weder Ruhm noch Geld gewinnt. Etwas Großes kann nur der leisten, der seinen Charakter unantastbar erhält.

Viele junge Leute unterschätzen den Wert des Charakters fürs praktische Leben. Sie glauben, Schlauheit und Einfluss sei nützlicher und gewinnbringender. Aber warum bezahlen große Geschäfte außerordentliche Summen dafür, dass sie den Namen eines Mannes führen dürfen, der vielleicht schon ein halbes Jahrhundert tot ist? Doch bloß, weil dieser Name eine Macht ist, weil er etwas vorstellt, weil er Charakter anzeigt, weil er so viel gilt als Zuverlässigkeit. Wie viel ist ein solcher Name wert!

Es ist eigentlich recht merkwürdig, dass ein junger Mann, der sich darüber einmal klar geworden ist, immer noch so töricht ist, sein Geschäft lieber auf den trügerischen Sand niedriger Schlauheit zu gründen, statt auf den unerschütterlichen Felsen vornehmen Charakters und unbedingter Zuverlässigkeit.

7. DIE KRAFT WÄCHST AM WIDERSTAND

Napoleon erzählt von seinem großen General Massena, er habe sich bei Schlachten stets zurückgehalten, bis sich Verwundete und Tote um ihn häuften; dann erst sei der Löwe in ihm erwacht, und er habe wie der Teufel dreingeschlagen.

Viele Naturen entdecken ihre wahre Kraft und finden sich selbst nicht eher, als bis sie Widerstand und Misserfolge erleben. Die Quelle ihrer Kraft liegt so tief in ihnen verborgen, dass das gewöhnliche Leben sie gar nicht berührt. Werden solche Menschen aber von andern lächerlich gemacht, verspottet, hintergangen und beleidigt, dann scheint eine neue Kraft in ihnen zu erstehen, und sie vollbringen Dinge, die ihnen vorher niemand zugetraut hätte.

Drückende Verhältnisse, verzweifelte Umstände, Armut und Entbehrungen haben oft die größten Menschen herangebildet. Napoleon war nie so ruhig und sicher, nie so sehr im Vollbesitz seiner Geisteskräfte und seiner Feldherrngaben, als zuzeiten, wo seine Lage schwierig, ja verzweifelt schien. Bei vielen Menschen bedarf es einer schweren Krise, einer großen Not, damit ihr inneres Feuer sich entzündet.

Ein ausgezeichneter Geschäftsmann sagt mir, dass er in seiner langen Laufbahn jeden Sieg nur hartem Kampf verdanke, und dass ihm daher ein leicht erreichter Erfolg geradezu unbehaglich sei. Er habe das Gefühl, dass irgendetwas nicht stimmt, wenn er eine wichtige Sache ohne Mühe durchsetzt. Sich seinen Weg erobern, Hindernisse und Schwierigkeiten aller Art überwinden, das ist seine Hauptfreude. Schwierigkeiten sind ihm ein Stärkungsmittel. Er liebt sie, weil er an ihnen seine Kraft, seine Gaben und Fähigkeiten erproben kann. Leichte Arbeit dagegen hat keinen Reiz für ihn, weil sie in ihm nicht die innere Freude und Befriedigung auslöst, die man nach siegreichem Kampf empfindet.

Ich kannte einen jungen Mann, der sich als Student selbst durchbringen musste und so arm war, dass die wohlhabenderen jungen Leute sich über ihn lustig machten. Sie hänselten ihn ständig wegen seiner kurzen Hosen, seiner ausgewachsenen Hemden und wegen seines ganzen schäbigen Äußeren. Ihre Bemerkungen verletzten ihn so sehr, dass er sich schwor, nicht nur keinen Anlass zum Spott mehr zu geben, sondern sich eine einflussreiche Stellung in der Welt zu erringen.

Dieser selbe junge Mann hat es denn auch sehr weit gebracht, und er betont immer wieder, dass gerade die Dornen auf seinem Weg, der Spott, mit dem er als Student überhäuft wurde, seinen Ehrgeiz, weiterzukommen, stets von neuem anstachelten.

Gerade durch diese verzweifelte Anstrengung, etwas zu leisten, was der Mühe wert ist, werden unsre verborgenen Kräfte ans Licht gebracht und entwickelt. Ohne diesen Kampf würden viele Menschen ihre wahren Fähigkeiten nie entdeckt haben.

Wäre Lincoln in einem Herrenhaus geboren und auf die Universität gegangen, wäre er wahrscheinlich nie Präsident geworden und wäre nicht zu der geschichtlichen Größe geworden, die er ist. Denn dann hätte er wahrscheinlich nie so sehr alle seine Kräfte angespannt, wie er es tat, um sich aus seiner gedrückten Lage zu befreien und sich emporzuarbeiten. Der heldenhafte Kampf mit niedrigen Umständen war es, der den Riesen aus ihm machte.

Der Mensch ist von Natur träge. Wir tun alles aus gewissen Beweggründen, und die Stärke dieser Beweggründe bestimmt den Erfolg unsrer Mühe.

Viele Menschen verdanken alles, was sie sind, dem Umstand, dass die Natur sie in irgendetwas zu kurz kommen ließ und sie dadurch ständig anspornte. Wo das Kapital ihrer Fähigkeiten unter gewöhnlichen Verhältnissen höchstens fünfundzwanzig Prozent Zinsen getragen hätte, haben sie es, dank diesem ungeheuren Ansporn, fertiggebracht, fünfundsiebzig Prozent herauszuschlagen.

So oft ein Beweggrund recht kräftig, eine Not recht dringend, eine Verantwortung recht drückend ist, öffnen sich in uns verborgene Quellen der Kraft, und wir nehmen alle Hindernisse im Sturm.

Die Geschichte hat unzählige Beispiele dafür, wie Menschen, die körperlich irgendwie behindert und benachteiligt waren, in ihrem Ringen, es zu überwinden, ganz wunderbare Eigenschaften entwickelt und herrliche Leistungen vollbracht haben. So manches Mädchen, das sich seiner äußeren Reizlosigkeit, ja Hässlichkeit bewusst war, nahm all ihre Kraft zusammen, um darüber wegzukommen und diesen Nachteil durch andre Vorzüge auszugleichen; sie entwickelte Fähigkeiten, brachte Leistungen zustande, die sie nie erreicht hätte ohne den Entschluss, ihre äußeren Mängel zu überwinden.

Von einem bekannten Engländer, der ohne Arme und Beine zur Welt gekommen war, erzählt man sich, dass er einst einen neugierigen Besucher, der sehen wollte, wie er äße und sich bewegte, so fesselte durch seinen glänzenden Verstand und seine Redegabe, dass dieser den eigentlichen Zweck seines Besuchs ganz vergaß.

Wenn es vielen nicht gelingt, körperliche Behinderungen zu überwinden, so zeigt das nur, wie wenige von uns sich hier selbst entdecken und ihre besten, größten Eigenschaften entwickeln. Wir haben ja keine Ahnung von dem Reichtum und der Schönheit unsres inneren Menschen und sterben, ohne ihn auch nur annähernd entdeckt zu haben.

8. SEGEN DES UNGLÜCKS

Zwei Räuber gingen einmal an einem Galgen vorüber. Da rief der eine aus: „Wie schön wär' unser Beruf doch, wenn es keine Galgen gäbe!" „Halt's Maul, Schafskopf!" antwortete der andre, „die Galgen, die machen ihn ja grad' so lohnend! Denn wenn's keine Galgen gäb', wär' jeder Mensch Räuber!"

Ganz das Gleiche gilt für jeden andern Beruf und jede Tätigkeit: die Schwierigkeiten sind es, die unter der Masse sichten und mittelmäßige Bewerber abschrecken. „Viele Menschen verdanken ihre Größe den riesigen Schwierigkeiten, mit denen sie zu kämpfen hatten", sagt Spurgeon. „Echtes Gold wird klar im Feuer."

Unzählige von Natur hochbegabte Menschen sind der Welt verloren gegangen, weil sie nie Hindernisse zu überwinden oder gegen Schwierigkeiten zu kämpfen hatten, die ihren schlummernden Kräften ein wirksamer Ansporn gewesen wären. Keine Mühe bezahlen wir zu teuer, wenn sie uns auf unserm Weg weiterhilft. Und wir leisten unser Bestes, wenn wir mit verzweifelter Anstrengung um das kämpfen, was unser Herz begehrt.

Unsern Gegnern verdanken wir unsre Siege. Sie haben in uns eben die Kräfte entwickelt, durch die wir sie überwanden. Ohne ihren Widerstand wären wir nie hart und fest geworden, wie auch die Eiche durch all ihre Kämpfe gegen Sturm und Unwetter sich festigt und stärkt. In ähnlicher Weise entwickeln uns alle Prüfungen und Nöte unsres Lebens.

In einer Schlacht im Krimkrieg durchschlug eine Kanonenkugel eine Festungsmauer und drang in einen wundervollen Garten. Aber da, wo sie in die Erde einschlug, schoss ein Wasserstrahl empor, der von nun an als lebendiger Quell weitersprudelte. So entspringen oft aus den hässlichen Wunden, die Unglück und Sorgen unserm Herzen zufügen, unversiegliche Quellen reicher Erfahrung und neuer Freuden.

So mancher Mensch findet sich selber erst, wenn er alles verloren hat. Das Unglück entblößte ihn, um ihn zu entdecken. Widrige Umstände sind der Hammer und der Meißel, die innere Stärke zu innerer Schönheit umformen. Nur durch Niederschlagen wird der Mensch hart, fest und unbesieglich.

Ein berühmter Naturforscher sagte, wenn er einem scheinbar unüberwindlichen Hindernis begegne, so sei das gewöhnlich die Vorstufe zu einer neuen Entdeckung.

„Dankend abgelehnt“ hat schon manchen zum Schriftsteller gemacht. Misserfolge helfen einem Menschen oft zum Erfolg, weil sie seine brachliegende Energie aufrütteln, ihn zu festen Zielen anfeuern und alle schlummernden Kräfte in ihm wecken. Wirklich tüchtige Menschen verwandeln Enttäuschungen in Hoffnungen, wie die Perlmuschel den Sand, der sie stört, in eine Perle verwandelt.

Die Adler werfen ihre Jungen, sobald sie fliegen können, aus dem Nest und säubern es zugleich von Federn und Daunen. In dieser harten Schule wächst der junge Adler zum kühnen Beherrscher der Lüfte heran, der es versteht, seine Beute klug und beharrlich zu verfolgen.

Knaben, die vom Leben stiefmütterlich behandelt werden und gleichsam „draußen" stehen, bringen es gewöhnlich zu etwas, während die, die in ihrer Jugend nichts Schweres kennenlernten, später häufig versagen.

Wo die Natur besonders schwere Aufgaben stellt, da sorgt sie auch für den nötigen Verstand. „Nichts freuet die Götter mehr, als wenn ein guter Mensch tapfer dem Unglück trotzt."

Armut und Not sind keine unüberwindlichen Hindernisse, sondern sie wirken auf die von Natur Trägen oft als ein wohltätiger Ansporn und stärken ihr schwaches Rückgrat Je härter der Diamant, desto mehr Schleifen ist erforderlich, um seinen Glanz herauszubringen, aber desto stärker wird er leuchten, zumal wenn er, wie nötig, an einem andern Diamanten geschliffen wird. So nur enthüllt er seine volle Schönheit.

Ohne Reibung würde der Funken im Feuerstein ewig schlummern, und ohne Kampf würde auch das göttliche Feuer im Menschen nie auflodern.

Im Gefängnis von Madrid war es, wo Cervantes seinen „Don Quixote“ schrieb. Er war so arm, dass er sich schließlich nicht einmal mehr Papier verschaffen konnte und auf Lederriemen schreiben musste. Man bat einen reichen Spanier um Hilfe, der aber sagte: „Befreit ihn um Himmelswillen nicht aus seiner dürftigen Lage! Seine Armut ist's, die die Welt reich macht.“

Das Gefängnis hat schon in manchem edlen Geist den schlummernden Funken entzündet. „Robinson Crusoe“ ist im Gefängnis geschrieben worden. Die „Pilgerreise“ von Bunyan erschien im Gefängnis von Bedford. Sir Walter Raleigh schrieb seine große „Weltgeschichte“ während seiner dreizehnjährigen Gefangenschaft.

Luther hat die Bibel übersetzt, während er auf der Wartburg saß. Dante schuf seine schönsten Werke in zwanzigjähriger Verbannung und zum Tod verurteilt. Aus der Grube und dem Kerker kam Joseph auf den Thron.

Unterdrückung war das Los der Juden, fast soweit ihre Geschichte zurückreicht, und doch verdankt die Welt ihnen einige der edelsten Lieder, der weisesten Sprüche und der schönsten Musik. Je mehr sie verfolgt werden, desto besser scheinen sie vorwärtszukommen, und sie gedeihen, wo andre verhungern würden. Jetzt haben sie die Finanzen vieler Länder in der Hand. Schwere Zeiten sind für sie wie ein „Frühlingsmorgen, der hell, doch kalt, den Wurm wohl tötet; doch die Pflanze lässt er leben.“

Beethoven war fast völlig taub und mit Sorgen überhäuft, als er seine größten Werke schuf. Schiller schrieb seine besten Bücher unter großen körperlichen Leiden; fünfzehn Jahre lang war er nie ohne Schmerzen. Miltons Meisterwerke stammen aus der Zeit, wo er blind, arm und krank war. Bunyan tat den Ausspruch, wenn er dürfte, würde er um noch größere Trübsal bitten, um desto reicheren Trost zu schöpfen.

Gibt es etwas Erhebenderes als das Bild eines Mannes, der gestählt und gefestigt aus schweren Kämpfen hervorgegangen ist und nun hocherhobenen Hauptes, ohne mit der Wimper zu zucken, dem Schicksal ins Auge blickt, bereit, auch das Schwerste auf sich zu nehmen? Von ihm gilt das Dichterwort:

„Wenn etwas ist gewalt'ger als das Schicksal, -
So ist's der Mut, der's unerschüttert trägt."

9. FALLEN UND WIEDER AUFSTEHEN

Viele Menschen finden sich selbst erst, wenn sie alles verloren haben. Nicht eher scheinen sie zu wissen, was für Kräfte ihr Inneres birgt, als bis ein überwältigendes Unglück, der Zusammenbruch all ihrer Hoffnungen, ihres Heims und ihres Glücks sie bis in die tiefsten Tiefen aufrüttelt.

Das, was ein Mensch nach einem Zusammenbruch anfängt, ist das beste Zeugnis für seinen Charakter. Was für Hilfsquellen, was für Pläne wird sein Unglück in ihm wachrufen? Wird es ihm neue Möglichkeiten eröffnen, neue verborgene Kräfte hervorholen, seine Tatkraft verdoppeln? Oder wird es ihn niederdrücken, ihm allen Mut nehmen?

„Ich kenne kein untrüglicheres Zeichen eines erhabenen Geistes“, sagt Emerson, „als jene zielbewusste Beharrlichkeit, die durch alle Schwankungen der Freunde, Parteien und Lebensverhältnisse hindurch stets sich selber gleich bleibt, nicht einen Schimmer von Mut und Hoffnung fahren lässt, sondern allem Widerstand trotzt und endlich ihr Ziel erreicht.“

„Wieder hochkommen und der Niederlage einen Sieg abringen“, das ist das Geheimnis des Erfolges in jedem tapferen edlen Leben, das je gelebt worden ist.

Ein kleiner Knabe wurde gefragt, wie er Schlittschuhlaufen gelernt habe. „O, ich fiel hin, und dann stand ich wieder auf“, gab er zur Antwort. Das ist der Geist, der Männer und Armeen zum Sieg führt. Nicht das Fallen, sondern das Nichtwiederaufstehen bedeutet Niederlage.

Vielleicht hat die Vergangenheit dir bittere Enttäuschungen gebracht. Vielleicht hast du, wenn du auf sie zurückschaust, das Gefühl, gar nichts oder im besten Fall nur Mittelmäßiges zustande gebracht zu haben. Das, wovon du dir besonders viel versprachst, ist dir misslungen, oder du hast teure Verwandte und Freunde hergeben müssen. Deine Stellung ist dir verloren gegangen oder vielleicht gar dein Heim, weil du eine Hypothek nicht bezahlen konntest oder durch längere Krankheit arbeitsunfähig warst; das neue Jahr sieht dich hoffnungslos an – und doch trotz allem, wenn du dich nicht unterkriegen lassen *willst*, wartet deiner doch noch der Sieg.

Wie viel noch in dir ist, wenn du alles Äußere verloren hast, daran erkennt man deine Reise. Wenn du die Hände in den Schoß legst und zugibst, dass du vernichtet bist, steckt nicht viel in dir. Siehst du dagegen mutig und unerschrocken um dich, lässt dir deinen Glauben an dich selbst nicht nehmen und verschmähst es, zum Rückzug zu blasen, so zeigst du, dass das, was du in dir hast, stärker ist, als dein Verlust, größer als dein Unglück und jeder Niederlage überlegen.

Du wirst vielleicht sagen, du seist zu oft unterlegen, es habe keinen Zweck, noch einen Versuch zu machen, du habest doch keinen Erfolg, ja, es lohne sich für dich kaum noch die Anstrengung, wieder hochkommen zu wollen. Unsinn! Wer sich innerlich nicht unterkriegen lässt, für den gibt es keinen Misserfolg. Ganz gleich, wie spät es ist, oder wie oft dir etwas fehlgeschlagen ist – du kannst doch noch Erfolg haben. Dass Scrooge, der Geizhals aus Dickens' Weihnachtsmärchen, sich noch am Ende seines Lebens aus einem harten, engen, herzlosen Menschen, dessen Seele in einem Haufen glänzenden Goldes gefangen lag, in einen edlen Menschenfreund verwandelte, das ist keine bloße Ausgeburt Dickensscher Phantasie. Wieder und wieder im täglichen Leben, aus den Zeitungen, aus Biographien oder vor unsern eigenen Augen sehen wir, wie Männer und Frauen vergangene Fehler wieder gut machen, wie sie sich aus lähmender Mutlosigkeit aufraffen und von neuem kühn um sich schauen.

Und wie viele gibt es, die alles, was sie in der Welt besaßen, verloren haben, und die dennoch ebenso weit wie vor ihrem Verlust davon entfernt sind, ihr Leben für zwecklos zu erklären, weil ihr Geist unbesieglich ist – starke Herzen, die nie den Mut verlieren.

Wirklich reife Menschen haben etwas in sich, das sie weit über weltlichen Erfolg oder Misserfolg hinaushebt. Was für Schicksalsschläge ihn auch treffen, was für Enttäuschungen er auch erlebt, ein wahrhaft großer Mensch steht über den Dingen und verliert nie sein inneres Gleichgewicht. Inmitten aller Drangsal und Stürme, denen eine schwache Natur erliegen würde, bleibt seine Seele heiter, seine Ruhe unerschütterlich, und er steht so völlig über allen äußeren Verhältnissen, dass sie ihm nichts anhaben können.

„Was ist eine Niederlage?“ sagt Wendell Philipps. „Nichts andres als die erste Stufe zu etwas Höherem.“ So mancher hat nur darum schließlich Erfolg, weil er immer wieder von vorn anfangen musste. Hätte er nie eine Niederlage erlebt, hätte er auch keinen großen Sieg kennengelernt. Gerade aus einer Niederlage schöpft ein tüchtiger Mensch neue Willenskraft.

Nein, wer sich seiner Kraft bewusst ist, wer gar nicht weiß, wann er besiegt wird, für den gibt es kein Versagen im Leben. Zähe Beharrlichkeit, ein unbeugsamer Wille kennen keinen Misserfolg. Wer wieder aufsteht jedesmal, wenn er fällt, wer seine Sache fortsetzt, wenn jeder andre sie aufgibt, wer vorwärtsstürmt, wo jeder andre umkehrt, der *muss* sich durchsetzen.

10. WENN ALLES SCHIEF GEHT

Wenn alles schief geht, so ist der Mann immer noch besser dran, der dazu lachen kann, als der andre, der dann allen Mut verliert. Wer in trüben und schweren Stunden noch lachen kann, der muss aus gutem Holz geschnitzt sein.

Viele Menschen haben nur deshalb keinen ihren Fähigkeiten entsprechenden Erfolg, weil sie die willenlosen Sklaven ihrer Stimmungen sind und in solchen Stimmungen sich die Menschen entfremden und das Geschäft verderben. Aber in unsrer heutigen Gesellschaft ist nirgends mehr Raum für einen trübsinnigen, mürrischen und mutlosen Menschen. Mit einem solchen mag niemand leben, er wirkt auf alle andern lähmend und bedrückend und so weicht ihm jeder aus, wo er kann, wie man ein unangenehmes Bild nicht ansieht, sondern sich von ihm abwendet.

Wir finden bei andern genau so viel Zuneigung und Vertrauen, wie wir durch angenehmes und hilfsbereites Wesen verdienen. Krankhaft düsterer Sinn dagegen ist meist auch mit falschem und verkehrtem Urteil verbunden und erweckt deshalb mit Recht überall Misstrauen.

Es liegt ebenso wenig im Plan der Schöpfung, dass der Mensch ein Sklave seiner Leidenschaften sei, wie dass er ein Opfer seiner Stimmungen werde; ebenso wenig darf er erst bei seiner Stimmung anfragen, ob er seine Pflicht tun, ob er seine Aufgabe erfüllen soll. Er ist bestimmt, ebenso gut Herr über sich selber wie über seine Umstände zu sein.

Wir sind meistens selber unsre schlimmsten Feinde. Wir verderben uns das Spiel unsres Lebens so oft durch unsre eigenen herabziehenden Gedanken und verdüsternden Stimmungen, während doch alles darauf ankommt, dass wir Mut und Glauben an uns selber haben und froh und hoffnungsvoll in die Zukunft sehen. Wenn es dann aber einmal schief geht, bei der ersten widerwärtigen Erfahrung, in der ersten Stunde der Entmutigung, da lassen wir alle zerstörenden Gedanken, Zweifel, Furcht, Mutlosigkeit in unsrem Geist hausen wie den Stier im Glasladen, und was wir vielleicht in Jahren aufgebaut haben, das zerstört ein Tag und wir müssen wieder von vorn anfangen. Wir machen es wie der Frosch im Brunnen: wir klettern empor, bloß um wieder hinunter zu fallen.

Es ist die wichtigste Kunst, die wir Menschen zu lernen haben, unsern Geist frei zu halten von den Feinden unsrer Ruhe, unsres Glückes und unsres Erfolges. Wir müssen lernen, alle unsre Geisteskräfte auf das Schöne zu sammeln statt auf das Hässliche, auf das Wahre statt auf das Falsche, auf Einklang statt auf Missklang, auf Leben statt auf Tod, auf Gesundheit statt auf Krankheit. Das ist nicht immer leicht, aber es ist immer und für jeden möglich. Wir brauchen dazu nichts als geschicktes Denken, nichts als die Fähigkeit, rechte Denkgewohnheiten zu bilden. Wir werden diese Feinde los, sowie wir unbedingt entschlossen sind, ihnen nicht länger Gastrecht zu gewähren, vielmehr sie auszuschließen und nie mehr einzulassen, denn sie sind nur so weit wirklich, als wir sie wirklich werden lassen.

Wenn du nicht von Natur froh und hoffnungsvoll bist, so kannst du dir diese Eigenschaften zunächst gewissermaßen künstlich und absichtlich zulegen. Ein Nervenarzt schlägt folgendes Mittel gegen trübe Stimmungen vor. Man soll lachen oder lächeln, auch wenn's einem ganz und gar nicht so zumute ist, ja es genügt schon die äußere Gebärde des Lächelns, das Hinaufziehen der Mundwinkel, um die Nervenbahnen zu öffnen, auf denen sonst der Strom der Heiterkeit fließt.

Für einen einigermaßen geschulten Geist ist es ohne weiteres möglich, den schlimmsten Anfall von trüber Stimmung in wenigen Minuten zu überwinden. Wir machen aber meist einen großen Fehler. Statt einfach die Fenster des Geistes weit aufzumachen und die Sonne des Frohsinns und der Hoffnungsfreudigkeit hereinscheinen zu lassen, halten wir die Läden geschlossen und versuchen die Dunkelheit unmittelbar zu bekämpfen, während ein einziger Sonnenstrahl seelischer Heiterkeit alle Gespenster verjagt, die nur im Dunkeln spuken.

Wenn du trübe Stimmungen hast oder entmutigt bist, so versetze dich für eine Zeit in vollständig andre Umgebung. Brüte nicht über den schwierigen Fragen, die dich bedrängen, sondern versuche, an angenehme und frohe Dinge zu denken. Hege freundliche und wohlwollende Gedanken gegen andre Menschen und rede nur gütige oder heitere Worte. Du wirst dann bald empfinden, dass es wieder aufwärts geht: die Schatten fliehen, die deinen Geist umdüsterten, und der Sonnenschein der Freude wird dich wieder erwärmen.

Gewöhne dir an, alles Denken an unangenehme Dinge oder an traurige Erinnerungen zu unterdrücken. Suche unterhaltende Gesellschaft oder ein harmloses Vergnügen auf, wo du lachen musst. Manche finden das zu Hause beim Spiel mit ihren Kindern, andre im Theater, wieder andre in einem guten Buch; oft genügt schon ein tüchtiger langer Schlaf. Ebenso ist Landaufenthalt oder auch nur ein Spaziergang in guter freier Luft ein treffliches Mittel, den geistigen Zustand zu ändern.

Du musst eben das Mittel zu finden suchen, das dir dazu die besten Dienste tut: dann wird, oft in überraschend kurzer Zeit, die Niedergeschlagenheit verschwinden, die Entmutigung weichen und du fühlst dich wie neugeboren.

Geheimnis des Vollbringens

11. ENTSCHLOSSENHEIT UND AUSDAUER

Entschlossenheit und Ausdauer sind die Zauberschlüssel, die alle Türen erschließen.

Es gibt nichts, was die entschlossene Ausdauer nicht fertigbrächte. Sie hat die drückendsten Hypotheken abgetragen, sie hat schwache Frauen so stark gemacht, dass sie den Ihrigen die Heimat retteten. Sie hat sich vor den Riss gestellt und bei Unglücksfällen oder in schweren Geschäftszeiten Tausende vom Untergang gerettet. Sie hat arme Jungen und Mädchen den Weg durch die besten Schulen finden und sich eine Stellung schaffen lassen. Sie hat Krüppeln die Kraft gegeben, alte kranke Eltern zu ernähren. Sie hat Berge durchbohrt, Ströme überbrückt, Länder mit Eisenbahnen überzogen und Weltteile durch unterseeische Leitungen verknüpft. Sie hat neue Erdteile entdeckt und die größten Schlachten gewonnen.

Bis jetzt hat man noch nichts gefunden, was diese Kraft zu ersetzen fähig wäre. Bildung, Reichtum, Einfluss, angeborene Vorzüge – nichts kommt ihr gleich.

Entschlossene Ausdauer ist das Merkmal aller der Menschen, die etwas Großes geleistet haben. Sie haben vielleicht allerlei Mängel und Fehler, Eigenheiten und Schwächen, aber diese eine Eigenschaft ist ihnen allen gemein. Die einförmigste Arbeit schreckt sie so wenig ab wie die größte Mühsal: sie halten durch, was auch kommt, denn das gehört eben zum Wesen der Größe.

Viele von den Leuten, die im Leben Erfolg gehabt haben, verdanken ihn mehr der entschlossenen Ausdauer, als großen Geldmitteln: entschlossene Ausdauer hat schon oft die äußerste Armut überwunden und trotz krankem Körper sich durchgesetzt.

Eine der Ursachen, durch die Amerika so schnell in die Höhe gekommen ist, liegt darin, dass der Amerikaner sich durch keinen Misserfolg abschrecken lässt und sich in die Sache, die er durchführen will, mit der größten Begeisterung stürzt, ohne an die Möglichkeit des Misslingens auch nur zu denken: misslingt es aber wirklich, so geht er mit noch entschlossenerer Energie aufs neue ans Werk und ruht nicht, bis er's durchsetzt.

Für manche Menschen ist ein Misserfolg so viel wie ein endgültig verlorener Krieg. Nicht so für den Mann mit entschlossener Ausdauer, mit dem Willen zum zähen Durchhalten, der Niederlagen überhaupt nicht gelten lässt. Wer sich zum endgültigen Sieg bestimmt fühlt, der nimmt von keiner Niederlage an, dass sie endgültig sein könne, sondern seine Kraft und Ausdauer wächst noch durch Missgeschick, bis sie sich durch alle Hindernisse Bahn bricht.

Hast du schon solche Menschen gesehen, die gar keine Vorstellung vom Zurückweichen haben, die halb lachend, halb grimmig sich erst recht ins Zeug legen, wenn etwas schief gegangen ist, die das Wort „unmöglich" und den Satz „ich kann nicht" ganz und gar aus ihrem Wörterbuch gestrichen haben, die durch kein Unglück sich den frischen Mut rauben lassen? Wenn du einen solchen gesehen hast, dann kannst du sagen, du hast einen wirklichen Mann, einen Eroberer, einen Herrscher gesehen!

Ohne Furchtlosigkeit und Kühnheit hat noch kein Mensch etwas Großes geleistet. Wer sich freilich fürchtet, alles aufs Spiel zu setzen, wer keine Opfer bringen und keine unnötigen Wünsche zurückstellen kann, der wird nichts Großes erreichen.

Wenn du die Versuchung fühlst, vor irgendetwas zurückzuweichen, weil es dir zu schwer dünkt, dann pass ja gut auf: das ist der gefährlichste, entscheidende Augenblick in deinem Leben. Alles Große, was in der Geschichte geleistet worden ist, haben die Männer geleistet, die da noch angriffen wo die Übrigen zurückscheuten.

Fast jede große Erfindung ist nur durch alles bezwingende entschlossene Ausdauer möglich geworden. Die großartigsten Beispiele jahrelanger vergeblicher und verspotteter Arbeit und endlichen, ewig ruhmwürdigen Sieges sind die Lebenswerke so mancher Erfinder. Wie viele erinnern sich heute noch an die Zeiten, wo man ihn einen wahnwitzigen Narren und einen verbrecherischen Verschwender schalt!

Wie viel angefangene Unternehmungen dagegen sind halbvollendet aufgegeben worden, weil der anfänglichen Begeisterung nicht die entschlossene Ausdauer zur Seite stand. Wie leicht ist es, im Feuer der Begeisterung etwas Großes anzufangen: dazu gehört gar nicht sehr viel und wir dürfen niemanden etwa nach der Zahl der Dinge einschätzen, die er angefangen hat. Ein Rennpferd wird nicht nach seiner Anfangsgeschwindigkeit gewertet, sondern nach der Art, wie es durchs Ziel geht.

Der Prüfstein für den Charakter eines Menschen ist seine Fähigkeit, in seinen Unternehmungen durchzuhalten bis zur letzten Vollendung. Diese Tugend ist aber leider nicht allzu häufig in der Welt. Es gibt genug, die im geschlossenen Zug mit marschieren, die rüstig vorwärts schreiten, solang sie noch die Musik hören, aber wenn einmal fast alles zurückbleibt und es drauf ankommt, allein standzuhalten, dann sieht die Sache anders aus: dann gilt bloß noch Entschlossenheit und Ausdauer.

Das Leben stellt an dich die eine Hauptfrage: Bist du entschlossen, auch gegen die entmutigendsten Hindernisse durchzuhalten?

12. DAS ALLBEHERRSCHENDE ZIEL

Wenn Wasser Dampf bilden soll, so muss es erst auf hundert Grad erhitzt sein. Neunzig Grad genügen nicht, auch nicht neunundneunzig – genau hundert müssen es sein. Das Wasser muss sieden, wenn es Dampf erzeugen soll, der eine Maschine treibt oder einen Eisenbahnzug in Bewegung setzt. Wasser, das noch nicht siedet, laues Wasser, setzt überhaupt nichts in Bewegung.

Es gibt nur zu viele Menschen, die den Eisenbahnzug ihres Lebens mit lauwarmem Wasser in Bewegung setzen wollen, oder mit Wasser, das „beinahe" siedet – und sich dann wundern, warum es nicht vorwärts geht. Sie versuchen, den Kolben einer Maschine mit Wasser von neunzig oder neunundneunzig Grad zu bewegen, und begreifen nicht, warum das nicht gehen will.

Wenn ein Mensch lau in seiner Arbeit ist, so kann es nicht wohl anders gehen, als wenn das Wasser im Kessel der Maschine lau ist. Du kannst unmöglich glauben, dass du etwas Großes in der Welt vollbringen wirst, wenn du nicht mit ganzer Seele und mit ganzer Kraft bei der Sache bist.

Es ist nicht genug, wenn man bloß wünscht, etwas Rechtes zu werden. Es gibt nur einen Weg, dies zu erreichen: wenn man mit der ganzen Kraft, die man aufwenden kann, danach ringt. Wünschen kann jeder, auch der Schwächling, aber nur ein kraftvoller Wille mit energischer Zielsetzung erreicht etwas.

Jedes kraftvolle Leben muss ein allbeherrschendes Ziel haben, das allem andern vorgeht und sich so gebieterisch in den Vordergrund aller Bestrebungen stellt, dass nichts neben ihm aufkommt. Wo das fehlt, da erreicht das Wasser der Energie nirgends den Siedepunkt und der Zug des Lebens bewegt sich nicht von der Stelle.

Ein Mensch mit einer solchen Zielstrebigkeit ist eine schaffende und aufbauende Kraft. Niemand kann eigenartig, erfinderisch oder schöpferisch sein ohne starke innere Sammlung; aber seinen Geist mit gesammelter Kraft auf einen Punkt lenken kann nur der, der ein festes Ziel für sein Leben vor Augen hat. Wir können unsern Geist nicht auf einen Gegenstand sammeln, für den wir keinen inneren Anteil und keine Begeisterung haben.

Wie gehst du an eine Schwierigkeit heran? Zögernd, zaudernd, aufschiebend, furchtsam? Mit den Worten: „ich will's versuchen", „ich will tun, was ich kann"? Oder entschlossen, sie zu bezwingen, und mit größter Siegesgewissheit.

Es liegt eine ungeheure Kraft in einem festen, ohne jeden Vorbehalt gefassten Entschluss, mit dem man alle Brücken hinter sich abbricht, alle Hindernisse aus dem

Weg räumt und ans Ziel gelangen will, wie lang auch der Weg und wie groß auch die Opfer seien.

In jeder Gemeinschaft wirkt ein Mann mit solcher Entschlusskräftigkeit förmlich elektrisierend, und jeder fühlt, dass hier der Spaß aufhört und der Ernst beginnt, vor dem alle Hindernisse weichen.

Ein solches allbeherrschendes Ziel ist für einen jungen Menschen ein wahrer Schatz fürs Leben und ein köstlicher Schutz vor tausend Versuchungen. Wenn du einen jungen Menschen siehst, der in solcher Weise entschlossen ist, komme was will, ohne Wenn und Aber seinen Willen durchzusetzen, so darfst du überzeugt sein, der ist aus Kernholz geschnitzt. So etwas wirkt stärkend und kräftigend auf den ganzen Charakter und gibt die beruhigende Gewissheit, hier wird etwas Tüchtiges geleistet.

Wenn ein neuer kraftvoller Entschluss in einem Menschen geboren ist, so wird er ein ganz neues Geschöpf und sieht alles in neuem Licht. Der Zweifel, die Furcht, die Gleichgültigkeit, alles, was gestern noch seinen Schritt aufhielt, schwindet wie durch Zauber, weggeblasen von dem Sturm, der ihn durchweht. Was vorher verworren und hässlich aussah, erscheint jetzt wundervoll geordnet. Alle seine schlummernden Kräfte erwachen zu neuer Tätigkeit.

Wenn es etwas in der Welt gibt, das des Kampfes wert ist für uns, so ist es die Freiheit, unsern eigenen Idealen nachzuleben, denn auf diesem Weg allein ist es uns möglich, unser eigenes Selbst auszuwirken und alles zu entfalten, was in uns angelegt ist; hier haben wir die einzige Möglichkeit, unser Leben zu einem reichen und vollen Ganzen zu machen und das auszuführen, was gerade uns im Unterschied von andern aufgetragen ist.

Wenn wir aber unserm Ideal nicht nachstreben und unser allbeherrschendes Ziel aus den Augen verlieren, dann ist unser Leben im Wesentlichen verfehlt, wenn wir auch sonst noch Pflichtgefühl und Widerstandskraft in leidlichem Maß besitzen.

Niemand kann erfinderisch oder schöpferisch sein, ohne dass er sich kraftvoll auf einen Punkt sammelt. Diesen Punkt kann er aber nur auf der Linie finden, auf der zugleich sein wirkliches Lebensziel liegt: ohne tiefere Anteilnahme und wahre Begeisterung ist eine solche Sammlung gar nicht möglich.

Ich kenne junge Leute, die scheinbar ganz eifrig in ihrem Beruf sind – aber man könnte sie in vierundzwanzig Stunden so weit bringen, dass sie ihn aufgeben. Sie fragen sich beständig, ob sie auch auf der rechten Spur sind und verlieren sofort den Mut, sowie sie auf ein Hindernis stoßen; wenn sie von jemand hören, der auf einer andern Bahn Erfolg gehabt hat, so fragen sie sich zweifelnd, ob sie nicht am Ende besser täten, auch jene Bahn einzuschlagen. Wenn einer aber so lose mit seinem Beruf verknüpft ist, dann darf man wohl annehmen, er hat noch nicht das richtige gefunden. Wenn du wirklich zu etwas berufen bist, wenn es die deutliche Stimme deiner Natur war, deren Ruf du gefolgt bist, dann ist dein Beruf ein Stück deines Lebens, nicht etwas von dir Getrenntes, und du kannst so wenig von ihm loskommen, als ein Panther seine Flecken loswerden kann. Wenn ein junger Mann mich fragt, ob er wohl den richtigen Beruf ergriffen habe, dann bin ich von vornherein überzeugt, dass er ihn nicht hat.

Das, was deinem Leben seinen wahren Inhalt gibt, das ist die Aufgabe, die dir, gerade dir gestellt ist. Die musst du erkennen, anfassen und allen Mühen und Opfern zum Trotz durchführen.

13. RASCHE UND SICHERE ENTSCHEIDUNG

Es gehört zum Kläglichsten, was man sehen kann, wenn ein Mann sich nicht entscheiden kann, wenn er die Beute wechselnder Meinungen und gewandter Überredungskünste ist, weil er nicht die Kraft hat, von sich aus eine endgültige Entscheidung zu treffen. Schon dass man das von ihm denkt, dass man das Gefühl hat, er lässt sich von jedem leicht umstimmen, macht jedes Vertrauen auf seine Zuverlässigkeit unmöglich.

Viele Menschen scheinen geradezu eine Todesangst davor zu haben, irgendetwas zu entscheiden. Sie fürchten sich vor der Verantwortung, die darin liegt, und haben Angst, wenn sie sich heute so und so entscheiden, so tritt morgen etwas ein, das sie ihre heutige Entscheidung bedauern lässt. Solche gewohnheitsmäßig unentschlossene Menschen verlieren schließlich jedes Zutrauen zu sich selbst, wenn es sich um etwas nur einigermaßen Wichtiges handelt, und mancher verdirbt sein ganzes ursprünglich gut angelegtes Wesen dadurch.

Wer aber die Fähigkeit hat, rasch eine Entscheidung zu treffen, der kann sich auch einmal einen Irrtum leisten, denn er kommt auf jeden Fall schneller vorwärts, als der andre, der vor lauter Angst, den falschen Weg einzuschlagen, überhaupt stehen bleibt. Wer immer darauf warten will, bis alle Möglichkeiten erschöpft sind und die felsenfeste Gewissheit vor ihm steht, der kommt niemals über den Strom der Wahl hinüber.

Wenn du diese Schwäche an dir gewahrst, so nimm dich aus Leibeskräften zusammen und töte diesen gefährlichen Feind, ehe er dir alle Lebensenergie geraubt hat. Warte aber nicht bis morgen, sondern fange gleich heute damit an. Zwinge dich zu schnellem und festem Entschluss, wenn es sich auch um ganz einfache Dinge handelt, wie die Wahl eines Hutes oder einer Stofffarbe, aber hör auf zu schwanken und zu zögern.

Mache dir die Sache so klar wie möglich, betrachte sie von allen dir zugänglichen Gesichtspunkten, nimm deinen gesunden Menschenverstand und dein Urteil zu Hilfe, ehe du dich entscheidest: aber wenn du deine Entscheidung getroffen hast, so lass sie endgültig sein. Fange dann nachher nicht wieder von vorn an mit Erwägungen und stelle die Sache nicht noch einmal zur Beratung, wenn die Abstimmung vorbei ist.

Gewöhne dich daran, in jedem Fall so zu handeln, und du wirst dich wundern, wie gut dir das tut, sowohl was dein Selbstvertrauen als was das Vertrauen andrer zu dir angeht. Natürlich wirst du ein paarmal daneben treffen, besonders am Anfang, aber die Kraft und Selbständigkeit, die du gewinnst, wird dich reichlich dafür entschädigen.

Ich kenne ein Opfer solcher Unentschlossenheit, eine Dame mit sonst vortrefflichen Eigenschaften. Wenn sie etwas kaufen will, so geht sie von Geschäft zu Geschäft, von Ladentisch zu Ladentisch, lässt sich endlos vorlegen, nimmt unzählige Stücke in die Hand, beschaut sie um und um – aber was sie eigentlich will, weiß sie nicht. „Ein bisschen anders" sollte die Sache sein, sie kann nur nicht genau sagen wie. Sie beansprucht Verkäufer und Verkäuferinnen bis zur Erschöpfung und geht dann schließlich nach Hause, ohne etwas zu nehmen. Sie möchte „etwas Warmes", aber es darf nicht zu warm sein, es sollte an kalten Tagen bequem zu tragen sein, aber es dürfte auch an heißen Tagen nicht unbequem sein; es soll fürs Gebirge und für den Strand passen, für die Kirche und fürs Theater, es soll mit einem Wort, Eigenschaften vereinigen, die unvereinbar sind. Hat sie nun endlich etwas gekauft, so bleibt ihr doch ewiger Zweifel, ob es denn auch das richtige war, ob sie es nicht doch lieber umtauschen sollte, und sie fragt alle ihre Bekannten noch nachträglich um ihre Meinung. Sie tauscht meistens zwei- oder dreimal um – aber zufrieden ist sie auch dann noch nicht.

Bei solchem Schwanken und solcher Unschlüssigkeit kann kein Charakter sich bilden, jedes Selbstvertrauen und jede wirkliche Leistungsfähigkeit werden zerstört.

Dein Urteil muss aus den Tiefen deines Wesens hervorkommen, wie warme Quellen aus einem tiefen See, von einem Ort außerhalb des Bereichs der Wellen der eigenen Leidenschaften oder Stimmungen, wie der fremden Meinungen oder Urteile.

Die Kraft zu rascher Entscheidung berührt die innersten Wurzeln deines Könnens. Wenn du sie nicht hast, so wird dein Lebensschifflein immer vor Wind und Wellen treiben, kein Anker niemals sicheren Grund fassen und du niemals den Hafen erreichen.

14. TRIFF NIE EINE ENTSCHEIDUNG IN MUTLOSER STIMMUNG

Wenn du in mutloser, niedergedrückter Stimmung bist, so tue nie einen wichtigen Schritt und triff nie eine folgenschwere Entscheidung, denn deine trübe Stimmung trübt auch dein Urteil.

Wenn jemand sehr niedergedrückt und mutlos ist, so liegt ihm immer der Schritt am nächsten, der ihm augenblickliche Erleichterung verschafft, dagegen übersieht er leicht die weiteren Folgen. Wie manches Mädchen hat einem Mann ihr Jawort gegeben, den sie gar nicht liebte, bloß weil er gerade damals bei ihr anfragte, als sie unter dem Druck einer bitteren Enttäuschung stand oder mutlos daran zweifelte, ob sie sich allein durchbringen könne. Mancher Mann hat sich zur Zahlungseinstellung verführen lassen, weil er gerade sehr mutlos war, während er die schwere Zeit ganz wohl überstanden hätte, wenn er den Mut besaß, durchzuhalten. Mancher begeht Selbstmord, weil sein Zustand augenblicklich unerträglich scheint, obwohl er selbst weiß, dass es nicht mehr lange dauert, bis es besser wird. Es ist eben nicht möglich, während eines solchen Zustandes die Dinge in den richtigen Maßen und Verhältnissen zu sehen: unser Urteil und unsre Unterscheidungsgabe ist da gelähmt.

Es ist aber schwer, unbefangen und sachlich zu entscheiden, wenn scheinbar alle Hoffnung verloren ist und alles trüb und dunkel aussieht. Aber gerade dann, ja dann allein können wir zeigen, was wir wert sind. Der wahre Prüfstein für den Wert eines Mannes ist die Kraft, mit der er aushält, wenn alles schief geht, wenn alle seine Freunde ihm raten, die Sache aufzugeben und ihm sagen, er sei ein Tor, da weiter zu kämpfen, wo das „Schicksal gegen ihn ist".

Wie mancher hat in einer mutlosen Stunde den Beruf aufgegeben, zu dem er geschaffen war, und irgendetwas angefangen, wogegen sich sein ganzes Wesen sträubt – und jetzt traut er sich nicht, nochmal umzusatteln, weil er fürchtet, man lache ihn aus oder auch er habe nicht die Kraft, diesmal dabei zu bleiben.

Der Augenblick, wo wir wirklich Entschlusskraft und Ausdauer brauchen, der ist da, wo die Mutlosigkeit uns verführen will, wo eine Stimme in uns spricht: Siehst du nicht, wie töricht du bist, so etwas zu wagen? Du bist nicht stark genug dazu! Warum willst du deine Bequemlichkeit und die Zuneigung deiner Freunde opfern, bloß damit du durchführst, was du angefangen hast? Lieber kehr um, gib zu, dass du auf dem falschen Weg bist und bring nicht länger mehr Opfer!

Es kommt jetzt noch vor, dass junge Leute aus Heimweh der Stadt den Rücken kehren und ihre Laufbahn aufgeben, während der Tag schon nahe war, an dem sich alles aufs günstigste für sie gewendet hätte.

Ich kenne selbst einige junge Künstler und Künstlerinnen, die entmutigt ihre Arbeit aufgaben, um es später bitter zu bereuen. Ebenso weiß ich von Studenten der Medizin, die die Arbeit im Sezierraum nicht ertragen zu können glaubten und das Studium aufgaben, bloß um sich später selbst zu verachten dafür, dass sie nicht die Energie hatten, wenigstens so lange durchzuhalten, bis sie sich darüber hätten entscheiden können, ob sie zum Arzt taugen oder nicht.

Große Erfinder oder Entdecker, oder Männer, die sonst etwas Großes geleistet haben, verdanken ihre Erfolge fast in allen Fällen der Tatsache, dass sie aushielten, wo andre die Sache aufgaben, dass sie weitergingen, wo andre umkehrten, dass sie weiterkämpften, wo das Ziel zu verschwinden schien.

Wie oft hört man ältere Leute aussprechen: „Hätte ich bloß so weiter gemacht, wie ich anfing, hätte ich es nur durchgesetzt, auf mein Ziel loszugehen und hätte ich mich nicht entmutigen und zurückschrecken lassen – ich hätte sicher etwas geleistet und wäre tausendmal glücklicher als ich jetzt bin.“

Wie dunkel auch der Weg vor dir liegt und wie schwer dir das Herz sein mag, tue keinen folgenschweren und entscheidenden Schritt, solange du in mutloser Stimmung bist. Wie schwer auch die Last dich drückt: in solchen Augenblicken darfst du sie nicht abwerfen.

Eine wichtige Entscheidung verlangt dein bestes Urteil, deinen klarsten Blick, dein schärfstes Denken. Du darfst deinem Leben keine entscheidende Wendung geben in einer Stunde, wo du alles verzerrt und in falschen Verhältnissen siehst: das darf nur geschehen, wenn du nach Leib und Seele in der besten und leistungsfähigsten Verfassung bist.

Wenn du am Ende deines Witzes bist und nicht weißt wohin, dann darfst du keinen Entschluss fassen, sondern musst es aufschieben, bis du wieder kühl und ruhig bist. Wenn Furcht, Zweifel oder Mutlosigkeit die Oberhand in deinem Geist haben, dann bist du unfähig, klar und richtig zu urteilen, denn dazu gehört ein tadellos arbeitendes Gehirn. Deshalb darfst du auch nicht fremden Rat folgen in solchem Zustand, denn du kannst seine Richtigkeit gar nicht beurteilen.

Führe nur das aus, was du dir in solchen Stunden ausgedacht hast, als dein Geist klar und dein Kopf kühl war. Inneres Gleichgewicht und Freiheit des Geistes sind unerlässlich, wenn du richtige Entschlüsse fassen willst.

15. NICHTS AUFSCHIEBEN

Wenn wir es nur lernen, unsre besten Augenblicke im Leben festzuhalten, zu was für glänzenden Leistungen und zu welcher Vollendung würden wir es bringen! Stattdessen warten wir mit der Ausführung unsrer Gedanken bis zu einem „passenden Augenblick", lassen unsre Begeisterung abkühlen und die Bilder vor unserm Geist verblassen, bis sie verschwunden sind.

Die Sage erzählt, dass Minerva, die Göttin der Weisheit, in vollendeter Gestalt und voller Rüstung dem Haupt Jupiters entsprang. So entspringen die besten, fruchtbarsten Gedanken, die höchsten machtvollsten Vorstellungen vollendet und gewappnet dem Gehirn der Menschen. Wer seine Gedanken und Pläne nicht sofort in die Tat umsetzt, sondern sie in sich verschließt, um sie bei günstiger Gelegenheit wieder hervorzuholen, der ist stets ein Schwächling. Kraftvoll und erfolgreich ist nur der, der seine Gedanken ausführt, solange sie noch das Feuer der ersten Begeisterung in sich tragen.

Jeder einzige Tag bringt uns eine Fülle von Gedanken, die gelten für heute und nicht für morgen, denn morgen strömen uns neue Anregungen zu. Darum sollten wir heute ausführen, was uns der heutige Tag bringt.

Die Gewohnheit, alle Dinge aufzuschieben, mit übergroßer Vorsicht und ohne frische Zuversicht zu Werke zu gehen, tötet die stärkste innere Anregung. Wie viel leichter ist es doch, etwas zu tun, wenn die Gelegenheit es erheischt, wenn die Begeisterung uns mit fortreißt, als wenn durch Aufschub alles verzögert und verschleppt worden ist. Das eine ist glückliche, frohe Arbeit, das andre mühselige Plage.

Mit der Kraft, die wir vergeuden, wenn wir eine Pflicht von heute auf morgen verschieben, hätten wir die Arbeit längst getan! Wie viel mühsamer und unangenehmer ist es doch, aufgeschobene Arbeit zu erledigen! Was wir zur rechten Zeit mit Vergnügen, ja vielleicht mit Begeisterung getan hätten, wird uns nach einem Aufschub von Tagen oder Wochen zu einer Last, über die wir stöhnen. Briefe beantwortet man nie leichter als sofort nach dem Empfang. Manche großen Geschäftshäuser machen es sich zur Regel, keinen Brief über Nacht unbeantwortet liegen zu lassen.

Wer hätte es nicht schon erfahren, wie seltsam uns oft das Schicksal führt? Zuweilen handelt es sich um einen einzigen günstigen Augenblick, der sich uns bietet: wir verpassen ihn – und haben uns Monate und Jahre verscherzt.

Es hat auf unsern Charakter einen verderblichen Einfluss, wenn wir einmal gefasste Entschlüsse unausgeführt wieder fahren lassen. Gerade die Ausführung eines Planes stärkt den inwendigen Menschen. Große Entschlüsse fassen kann fast ein jeder, aber nur ein starker, in sich gefestigter Charakter setzt den Entschluss in die Tat um.

Ein Schriftsteller hat eine starke Eingebung, und ein fast unwiderstehlicher Drang treibt ihn, die Feder zu ergreifen und die schönen Bilder, die fesselnden Vorstellungen zu Papier zu bringen. Aber es passt ihm in dem Augenblick gerade nicht, und obwohl es ihm fast unmöglich ist, zu warten, schiebt er das Niederschreiben doch hinaus. Die Bilder verfolgen ihn weiter, aber er kommt immer noch nicht zum Schreiben. Schließlich werden sie immer schwächer, bis sie zuletzt in ein Nichts zerfließen und ihm für immer verloren gehen.

Ebenso geht es dem Maler, dem blitzartig ein erhabenes Bild vor der Seele ersteht, und der nicht in der Lage ist, sofort zum Pinsel zu greifen und das unsterbliche Bild festzuhalten, ehe es entschwindet. In seinem Geist wirkt es fort und fort, ja, es ergreift Besitz von seiner ganzen Seele, aber – er ist gerade nicht in seinem Atelier, äußere Umstände halten ihn davon ab, seine erhabene Vision auf die Leinwand zu bannen, und so verblasst sie allmählich und verlässt ihn wieder.

Die Straße „Allmählich“ führt zum Haus „Niemals“ sagt Cervantes.

Warum verspüren wir zuweilen einen so starken, übermächtigen Trieb in uns, sehen im Geist das Bild glänzender Möglichkeiten und werden wie im Sturm davon ergriffen? Weil wir sofort zugreifen und das Eisen schmieden sollen, solange es warm ist.

Verzögerungen haben oft verhängnisvolle Folgen. Dass Cäsar nicht gleich die Botschaft las, die man ihm auf dem Weg zum Senat überreichte, kostete ihn das Leben. Oberst Rahl, der hessische Befehlshaber bei Trenton, spielte gerade Karten, als ein Bote ihm einen Brief mit der Nachricht brachte, dass Washington über den Delaware käme. Er steckte den Brief in die Tasche und las ihn erst, als das Spiel beendet war. Doch als er nun seine Leute zusammenrief, war es schon zu spät: er selber fiel, und seine Truppen wurden gefangen genommen. Nur ein paar Minuten Verzögerung – doch kosteten sie ihn Ehre, Freiheit, das Leben!

Wie viele Menschen schaden sich selbst und setzen ihre Gesundheit aufs Spiel durch die törichte Gewohnheit, einen notwendigen Besuch beim Augen- oder Zahnarzt immer wieder aufzuschieben! Man macht sich eben oft nicht klar, und dass es mehr als alles andre eine Quelle von Kummer und Verdruss bedeutet. Nichts wirkt zerstörender auf die Tatkraft und lähmender auf alle Fähigkeiten als die unselige Gewohnheit zu trödeln!

Meide das „Aufschieben“ wie die Versuchung zum Bösen! Sobald du eine Neigung dazu in dir spürst, raffe dich gleich auf und wirf dich mit aller Macht auf das Schwierigste, was sich dir bietet. Nimm nie das Angenehmste zuerst, greif nach dem Sauersten und bleibe mit Ausdauer dabei, dann wirst du die schlimme Gewohnheit bald überwunden haben. Fürchte alles Verschleppen wie einen gefährlichen Feind. Es ist nicht nur ein Zeitdieb, sondern auch ein Charakterdieb; es stiehlt dir die besten Augenblicke, raubt dir deine Frische und

Freiheit und macht dich zum Sklaven.

Das einzige Gegenmittel ist, eine Aufgabe sofort anzugreifen. Jede noch so kurze Verzögerung macht das Anfangen nur schwerer.

„Frisch ans Werk und ohne Verzug!" heißt der Wahlspruch jedes erfolgreichen Menschen – ein Wahlspruch, der manchen jungen Mann vor dem Verderben bewahren würde.

Selbstverantwortung und Erfolg

16. SELBSTBEFREIUNG UM JEDEN PREIS

Tausende und Abertausende leben in Verhältnissen, die sie einengen und bedrücken, in einer Luft, die keine Begeisterung aufkommen lässt, in der jeder Ehrgeiz erstickt und Kraft und Zeit umsonst verschwendet werden. Sie haben nicht Kraft und Mut genug, die Fesseln zu durchbrechen, die sie hemmen, alle Krücken und Stützen wegzuwerfen und sich nur auf die eigene Kraft zu verlassen. Aber sie müssen eben in Verhältnisse kommen, in denen sie das zu leisten imstande sind, was sie leisten wollen: ohne das stirbt schließlich jedes höhere Streben in ihnen ab. Willst du zu der rechten Weite des Daseins, zu der höchsten Entwicklung deiner selbst, zu der vollen Betätigung deiner Fähigkeiten gelangen, so musst du dich um jeden Preis frei machen.

Nichts kann dich dafür entschädigen, dass du das Beste in dir erstickt hast. Mache es vielmehr lebendig und lass es zur Tat werden um jeden Preis. Es kostet freilich oft viele Reibungen, viele Leiden, viele Kämpfe, ehe das sich durchsetzt, worin die wahre Stärke deines Wesens liegt. Der Diamant kann seinen Glanz und seine Schönheit nicht entfalten ohne die Reibungen mit dem Stein, der seine Flächen schleift und glättet und so erst das Licht in ihn eindringen lässt, das seinen verborgenen Wert enthüllt: das ist der Preis für seine Befreiung aus der Dunkelheit.

Viele Menschen werden in Banden gehalten durch Unwissenheit. Sie kommen nie zu der inneren und äußeren Freiheit, die die Folge von Bildung und Kenntnissen ist. Ihre geistigen Kräfte bleiben immer gebunden, sie sind nicht stark genug, um ihre Freiheit zu erkämpfen und den Mangel an früherer Ausbildung wieder gut zu machen. Sie meinen, sie seien zu alt, um das noch anzufangen; der Preis, den die Freiheit kostet, scheint ihnen zu hoch für ihre Jahre, und so schleichen sie auf der Ebene dahin, während sie imstande gewesen wären, zu den Höhen zu klimmen, wo die Überlegenheit wohnt.

Andre liegen in den Fesseln des Vorurteils und des Aberglaubens, und so wird ihr Leben eng und gewöhnlich. Das sind die Hoffnungslosesten von allen. Sie sind so blind, dass sie nicht einmal merken, dass sie unfrei sind, sondern sogar die noch für gebunden halten, die anders denken als sie.

Ein andres Hindernis der Selbstbefreiung ist die Zaghaftigkeit. Tausende von jungen Leuten lassen sich durch Zaghaftigkeit, durch Mangel an Selbstvertrauen davon abhalten, das aus sich zu machen, wozu sie bestimmt sind. Sie fühlen wohl, dass bestimmte und starke Kräfte in ihnen nach Ausdruck ringen, aber sie haben Furcht, sie möchten nicht durchdringen, sie möchten anspruchsvoll oder selbstsüchtig erscheinen, und diese

Furcht verschließt ihnen den Mund, schwächt ihnen die Hand, hindert ihr inneres Streben an Betätigung, und so stirbt es an Untätigkeit. Sie wagen nicht, etwas Gewisses für etwas Ungewisses aufzugeben, sie trauen sich nicht, sich durchzusetzen. Sie warten und warten und hoffen, irgendeine geheimnisvolle Macht werde sie befreien und ihnen Selbstvertrauen und Hoffnung einflößen.

Die erste Bedingung des Erfolges ist, dass wir alles abtun, was uns hinderlich ist, und uns möglichst von einer Umgebung losmachen, die unsre Kräfte lähmt. Die meisten Menschen haben irgendetwas, das sie lähmt und fesselt, und können deshalb das nicht leisten, was ihnen an sich recht wohl möglich wäre: sie bringen es nur zu geringen und minderwertigen Leistungen und müssen das Große und Bedeutende ungetan lassen, zu dem doch die Fähigkeit in ihnen liegt.

Die Schuld liegt fast immer daran, dass wir zwar das Streben haben, etwas Tüchtiges zu leisten und vorwärts zu kommen, aber wir bringen uns nicht selbst so weit, dass wir gewinnen: wir vertrauen zu sehr auf das sogenannte „Glück".

Frage die Männer und Frauen, die Großes geleistet haben, wem sie ihre Kraft, ihren weiten Gesichtskreis, die Vielheit der Erfahrungen verdanken, die ihr Leben so reich gemacht haben. Die meisten werden dir antworten: „dem Kampf". Die beste Erziehung ihrer Fähigkeiten und ihres Charakters verdanken sie den Anstrengungen, die sie gemacht haben, um aus Verhältnissen loszukommen, die ihrer Entfaltung ungünstig waren, die

Bande zu brechen, die sie fesselten, die rechte Ausbildung zu erhalten, von der Armut frei zu werden, einen lang gehegten Plan auszuführen, ihr Ziel zu erreichen.

Ungestillte Sehnsucht und unterdrückter Ehrgeiz zerstören unsre Kraft, machen uns hoffnungslos und rauben uns unsre Ideale: sie machen uns zu leeren Schalen, indem sie das aus uns wegnehmen, worin die Verheißung unsrer Zukunft lag.

Ich kann nicht glauben, dass ein Mensch wahrhaft glücklich sein kann, wenn er dem nicht Ausdruck verleiht, was Gott als das seine Entwicklung Beherrschende in ihm gelegt hat, wenn er nicht jene große Sehnsucht stillt, die alles andre in ihm übertönt.

Ein einziges Talent und Freiheit für seine Betätigung – das ist besser als Genie, verbunden mit Abhängigkeit.

Wie viele Menschen arbeiten für andre und wären doch sehr wohl imstande, etwas Eigenes zu leisten, ja noch andern Arbeit zu geben; aber sie sind so gefesselt und gehemmt durch falsche Verbindungen oder widrige Umstände, dass sie sich die Freiheit nicht erkämpfen können, in der sie imstande wären, ihre Fähigkeiten zu entwickeln. Wie günstig auch die äußeren Bedingungen scheinen mögen, die dir geboten werden, Geld, hoher Rang oder Einfluss: nimm nie eine Stellung an, in der du nicht ein unabhängiger Mann bleiben kannst, und lass dich weder durch hohes Gehalt noch durch die Aussicht auf späteren Einfluss dazu verführen. Lass dir durch keine Erwägung deine Zunge fesseln oder deine Meinung knebeln. Betrachte deine geistige Unabhängigkeit als dein angestammtes Recht, das du um nichts in der Welt hergibst. Gibt es irgendetwas auf der Welt, das einen jungen Mann dafür entschädigen könnte, dass er auf seine Freiheit im Handeln, im Reden und im Denken Verzicht leisten muss? Kann ihn der größte Reichtum dafür entschädigen, dass er gebückt und kriechend durchs Leben gehen muss, während er die Kraft hätte, sein Haupt aufrecht zu tragen und der Welt ohne Scheu ins Gesicht zu sehen?

Ein berühmter Künstler wurde einst gefragt, ob ein bestimmter Schüler von ihm einmal ein großer Maler werde, und gab zur Antwort: Nein, denn er hat hunderttausend Dollar Einkommen. Der Mann wusste, worauf es ankommt: nämlich dass der Kampf gegen Schwierigkeiten die Kräfte stählt, und dass im Sonnenschein des Glückes und Reichtums selten große Männer wachsen.

Andrew Carnegie sagte einmal: „Wer das Unglück hat, der Sohn eines reichen Mannes zu sein, der gleicht einem Pferd, dem beim Rennen ein besonders schweres Gewicht zugelegt wird. Weitaus die meisten Söhne reicher Männer sind nicht imstande, den Versuchungen zu widerstehen, die in ihrem Reichtum liegen, und sinken zu unwürdigem Lebenswandel herab. Von dieser Klasse hat ein aufwärtsstrebender Mensch ohne Geld nichts zu fürchten. Ihr jungen Leute ohne Geld habt keine Angst vor dem Sohn des Geschäftsinhabers; aber seid auf der Hut, dass nicht einer, der noch viel weniger hat als ihr, dessen Eltern ihm nicht die geringste Ausbildung geben konnten, euch überhole. Hütet euch vor dem Jungen, der unmittelbar von der Volksschule weg in die Arbeit muss und der seine Laufbahn damit beginnt, dass er im Geschäft die Zimmer reinmacht. Er ist höchstwahrscheinlich das zu fürchtende ‚dunkle Pferd', das im Wettrennen des Lebens alle Gewinne und allen Ruhm einstreichen wird."

Der Kampf mit der Armut war der größte Menschenerzieher und Kraftentwickler. Wäre jeder Mensch, wie man sagt, mit einem silbernen Löffel im Mund geboren und wäre gar kein Zwang zur Arbeit vorhanden gewesen, so stünde die Menschheit heute noch in den Anfängen der Entwicklung.

Ein Blick auf die Geschichte Amerikas zeigt, dass die große Mehrzahl der Männer, die bei uns etwas Großes erreicht haben, als arme Jungen angefangen haben. Unsre besten und erfolgreichsten Männer von heute sind aus der Schule der Not hervorgegangen. Unsre großen Kaufleute, die Leiter großer Unternehmen, die Leiter und Lehrer unsrer Hochschulen, die Erfinder, die Naturforscher, die Staatsmänner – fast alle von ihnen sind durch die Peitsche der Not vorwärts gekommen, weil sie aus der Tiefe emporstreben mussten. Wie viele junge Leute sind als Einwanderer in unser Land gekommen, ohne Bildung, ohne Kenntnis unsrer Sprache, ohne Freunde und ohne Geld, und sind zu reichen und angesehenen Männern geworden! Damit haben sie Tausende von andern jungen Leuten beschämt, die, im Lande geboren, alle Vorteile genossen haben, die Reichtum Ausbildung und gute Beziehungen gewähren, und von denen doch nie jemand etwas gehört hat.

Kraft ist nur da, wo eine andre Kraft überwunden werden musste. Der Riese ist stark, weil er mit tausend Feinden zu kämpfen hatte. Wer niemals zu kämpfen braucht, der wird auch niemals stark. Wer ohne Kampf lebt, der stirbt, ehe er nur ein halber Mann geworden ist. Ein junger Mann, der im Schoß üppigen Reichtums geboren und aufgewachsen ist, der immer von allen Seiten unterstützt wurde, der niemals gezwungen war, sich selber sein Brot zu verdienen, der von Jugend auf verwöhnt wurde – der wird selten oder nie ein wirklich starker Charakter werden. Er gleicht dem schwachen Bäumchen, das inmitten großer schützender Stämme aufwächst und immer klein und schwach bleibt: es kann niemals wachsen wie die Rieseneiche, die von der Eichel an mit Sturm und Wetter den Kampf ums Dasein kämpfen musste.

Ich bin gewiss kein Lobredner der Armut, wenn sie als endgültiger Zustand angesehen wird. In dem Fall ist sie ein Übel; aber ein Segen ist sie als Sprungbrett für eine Laufbahn. Sie ist wie das Turngerät: sie entwickelt die Kräfte. Sie ist an sich ein Fluch und eine Knechtschaft, aber es kommt alles darauf an, dass man sie überwindet: und diese Überwindung, wenn sie nur ehrlich und gewissenhaft geschieht, ist der beste Kräfteentwickler.

Grover Cleveland, der selber als armer Angestellter mit zweihundertfünfzig Dollar im Jahr anfing, sagt über die Armut als Kraftentwickler: „Es gibt keine Entwicklung der geistigen Kräfte und keinen Antrieb zur Ausbildung aller wahren Männlichkeit, die so wirksam ist als die Verbindung von richtig geleitetem Ehrgeiz mit dem heilsamen Zwang der Armut.“ Was würde ein junger Mann vom gewöhnlichen Durchschnitt leisten, wenn er nicht gezwungen wäre, zu arbeiten, wenn er sich nicht anstrengen müsste, um das zu bekommen, was er haben will? Wenn er schon alles hat, was er braucht, wozu sollte er sich da anstrengen? Kaum einer auf zehntausend würde den Kampf des Lebens auf sich nehmen bloß mit der ausgesprochenen Absicht, seinen Charakter dadurch zu stärken und ein tüchtiger Mann zu werden; aber er nimmt ihn sofort auf sich, wenn er dabei das Ziel verfolgen muss, dass er nur so das bekommt, was er haben will und was er und die Seinigen nötig brauchen. Ein Junge, der weiß, dass ein Vermögen auf ihn wartet, wird sagen: „Wozu brauche ich so früh aufzustehen und zu arbeiten? Ich habe Geld genug zu erwarten, so dass ich das nicht nötig habe.“ Er wird sich noch einmal umdrehen und weiterschlafen. Dagegen den Jungen, der nur auf sich selbst angewiesen ist, den treibt die Notwendigkeit, und er springt mit beiden Füßen aus dem Bett und geht an die Arbeit, denn er weiß, für ihn gibt es keinen andern Weg als den Kampf.

So hat es die Natur höchst weise eingerichtet, dass der Mensch das, was er am stärksten begehrt, nur durch den Kampf mit der Not erreicht; und so bringt sie sozusagen nebenher den Fortschritt der Menschheit und die Entwicklung des Charakters hervor.

Die Natur zahlt den höchsten Preis dafür, dass einer ein Mann wird. Sie führt ihr Kind durch die härteste Schule und erzieht es jahrelang in der Hochschule der Not – alles nur, um ihr Werk zu vollenden. Was es nebenbei an Geld oder guten äußeren Verhältnissen gewinnt, das ist ihr Nebensache; sie arbeitet bloß daraufhin, dass es tüchtig und kräftig wird. Sie kümmert sich nicht um das andre, aber sie tut alles, dass ihr Zögling das wird, was sie aus ihm machen will: ein Mann.

17. DIE WUNDER DES SELBSTVERTRAUENS

Einen siegreichen Führer an der Spitze zu wissen, das verdoppelt die Leistungen eines Heeres. Wenn der Führer schwankt und zweifelt, so gerät das ganze Heer in Verwirrung, aber sein klarer und fester Entschluss macht jeden Soldaten zum Helden.

So ist es auch mit unsern geistigen Fähigkeiten. Sie müssen, wie die Soldaten, an ihren Anführer glauben, und dieser Anführer ist der unerschütterliche Wille.

Ein allbeherrschendes Selbstvertrauen hat schon oft einen Menschen mit verhältnismäßig geringer Vorbildung in den Stand gesetzt, geradezu wunderbare Taten zu vollbringen, die ein andrer mit viel größeren Fähigkeiten nicht leisten konnte, einfach weil er es sich nicht zutraute.

Was du leistest, kann nie mehr sein, als was du dir zugetraut hast. Hannibal oder Napoleon hätten mit ihren Heeren die Alpen niemals überschreiten können, wenn sie sich davor gelagert und gesagt hätten, das Unternehmen sei doch wohl zu schwierig. Aber ebenso wenig kannst du jemals etwas Bedeutendes im Leben leisten, solange du zweifelnd fragst, ob du es denn auch wohl könntest.

Es ist ein festes Gesetz, dass du keinen Erfolg erreichen kannst, wenn du ihn nicht bestimmt erwartest und gebieterisch verlangst. Fester und kraftvoller Glaube an dich selbst ist die unerlässliche Bedingung jeder gelungenen Tat.

Ein Strom kann zu keinem Punkt fließen, der höher liegt als seine Quelle. So muss ein großer Erfolg seine Quelle haben in bestimmter Erwartung, starkem Selbstvertrauen und nachhaltiger Kraft. Auch bei den besten Anlagen, den größten Fähigkeiten und der trefflichsten Vorbildung kann der Erfolg nicht über das hinausgehen, was du dir zugetraut hast. Wer sich viel zutraut, der wird viel leisten, und wer sich nichts zutraut, der wird nichts leisten.

Ein Soldat brachte einmal Napoleon eine Botschaft und zwar so eilig, dass sein Pferd kurz vor dem Ziel tot niederfiel. Napoleon schrieb die Antwort, übergab sie dem Boten und hieß ihn sein eigenes Pferd besteigen. Der Soldat sah das prächtige, reich aufgezäumte Tier an und sagte: „Nein, General, das Pferd ist zu prächtig für einen gemeinen Soldaten. Napoleon aber gab ihm zur Antwort: Nichts ist zu gut oder zu prächtig für einen französischen Soldaten.

Viele Menschen glauben, es sei ihnen nicht bestimmt, das Beste zu bekommen, was es gibt, sondern die guten und schönen Dinge in dieser Welt seien den besonderen Günstlingen des Glücks vorbehalten. Sie sind aufgewachsen mit dieser Überzeugung ihrer Minderwertigkeit, und sie werden so lange minderwertig bleiben, bis sie die Überlegenheit über andre als ihr angeborenes Recht in Anspruch nehmen. Unzählige Menschen, die das Beste leisten könnten, leisten in Wirklichkeit sehr wenig und bleiben in untergeordneten Stellungen, weil sie von sich selber nicht genug erwarten und verlangen.

Selbstvertrauen ist der beste Ersatz für Freunde, für einen vornehmen Stammbaum, für Begünstigung durch andre oder für Geld. Es hat den Menschen über mehr Hindernisse und Schwierigkeiten weggeholfen und mehr Unternehmungen durchgesetzt als irgendeine andre Eigenschaft.

Wenn dein Gesicht und dein Betragen schon verkündigen, du haltest dich für minderwertig, wenn alles an dir anzeigt, dass du dir selbst nichts zutraust – dann kannst du es andern wahrhaftig nicht übelnehmen, dass sie dich nicht höher einschätzen als du selber es tust.

Es liegt für dich eine ungeheuer starke Kraft und Ermutigung in dem Bewusstsein, der Schöpfer hat dich zu etwas Großem und Hohem bestimmt und auch dazu ausgerüstet, er hat etwas Besonderes mit dir vor und es fehlt etwas in der Welt, wenn du das nicht ausführst und das Beste, was in dir liegt, nicht in der besten Weise in Wirklichkeit umsetzt.

18. SELBSTERZIEHUNG UND SELBSTBEHAUPTUNG

Es gibt viele Menschen, die es zwar nie versäumen, ihr Klavier zu Hause immer wieder richtig stimmen zu lassen, die aber nicht das geringste dazu tun, um sich selbst in guter Stimmung zu erhalten. Sie wollen das Musikstück ihres Lebens auf einem verstimmten Instrument spielen und wundern sich dann noch, dass nichts als Missklang herauskommt.

Das Ziel unsres Lebens sollte sein, unsre Kraft stets auf ihrer höchsten Höhe zu halten und die Energie unsres Geistes wie die Gesundheit unsres Körpers so zu bewahren, dass wir jede Gelegenheit, die sich uns bietet, als günstige Gelegenheit ergreifen können. Es ist unsre heilige gottgebotene Pflicht, uns in solcher Verfassung zu erhalten, dass wir das Höchste leisten können.

Aber überall sehen wir Menschen, die nicht vorwärts kommen, und während sie zu großen Dingen bestimmt und befähigt wären, in ärmlicher Mittelmäßigkeit dahinleben – bloß weil sie nicht Kraft und Energie genug haben, sich durch alle Hindernisse hindurch ihren Weg in die Höhe zu bahnen. Wenn einer sich aber auf der

Höhe seiner Leistungsfähigkeit halten und jederzeit alle seine Kräfte verfügbar haben will, dann muss er sich selbst ebenso lieben wie seinen Nächsten, er muss vernünftig leben und eine vernünftige Selbstschätzung hegen. „Wie ein Mensch denkt, so ist er: was er von sich hält, das wird sich in seinem Leben verwirklichen."

Willst du etwas Rechtes werden, so darfst du dich nicht für schlechter halten als das Ideal, dem du nachstrebst, sonst erreichst du es nie.

Überall sehen wir Menschen, von denen man gar nicht sagen kann, dass sie voll und ganz leben: ihr Körper ist voll toter, vergifteter Zellen, weil sie falsch leben und falsch denken. Ist es da ein Wunder, dass sie so wenig vom Leben haben, wenn sie so wenig daran wenden?

Es ist eine der schmerzlichsten Erfahrungen, die der Mensch machen kann, wenn ihm eine günstige Gelegenheit entgegentritt und er besitzt nicht die Kraft, sie auszunützen, weil er seine Energie in Ausschweifungen vergeudet hat, oder er kann sie zwar noch ausnützen, aber mit so stark geschwächten Kräften, dass das Beste doch verloren ist.

Es sind nur wenige, die ihren Körper mit derselben sorgfältigen Rücksicht behandeln, die sie einer teuren Maschine oder sonst einem Besitztum angedeihen lassen, von dem sie starke Leistungen erwarten.

Man denke zum Beispiel an die Verdauungseinrichtungen, die doch die ganze bewegende Kraft für den Körper zu liefern haben: es gibt nicht viele, die diese wichtigen Teile auch nur annähernd so behandeln, dass sie ihre Aufgabe richtig erfüllen können. Die meisten Menschen essen viel mehr, als der Körper braucht, und essen noch dazu unverdauliches oder schwer verdauliches Zeug, sodass Magen und Darm, um nur überhaupt damit fertig zu werden, so viel Energie verbrauchen, dass für die richtige Verdauung und Aufsaugung dessen, was wirklich nötig ist, kaum noch etwas übrig bleibt.

Andre verfallen in den entgegengesetzten Fehler und essen entweder nicht genug, oder sie bringen nicht genug Abwechslung in ihre Nahrung, sodass einige Gewebe stark unterernährt bleiben.

Wieder andre muten ihren Kräften zu viel zu, indem sie sich die notwendige Ruhe und Erholung nicht gönnen, weil sie sich einbilden, sie könnten die Zeit dazu nicht aufbringen, ihre Geschäfts- oder Haushaltssorgen erlaubten ihnen das nicht.

Was nützen dir alle deine Fähigkeiten, wenn du sie nicht anwenden kannst? Was helfen dir deine Kräfte, wenn sie durch kleinliche falsche Sparsamkeit geschwächt sind? Was hilft dir die größte geistige Begabung, wenn der Körper zu schwach ist, um sie zu verwerten?

Schriftsteller, Redner, Lehrer können nicht wirken, wenn sie nicht so viel Lebenskraft haben, dass diese Kraft in ihre Bücher, ihre Reden, ihre Worte überströmt und im Leser, im Hörer, im Schüler wieder neue Kraft erweckt.

Wer das Beste leisten will, das ihm möglich ist, der muss Rücksicht auf seine Kraft nehmen, sie hegen und pflegen, alles Widrige von sich abstoßen, und vor allem sich ein behagliches und glückliches Heim schaffen.

Wer Lebenskraft vergeudet, ist der schlimmste Verschwender, ja er ist ein Selbstmörder, denn er tötet die höchsten Lebensmöglichkeiten in seinem Innern. In diesem Sinn dürfen wir ohne weiteres sagen: Liebe dich selbst wie deinen Nächsten, und eine Sünde gegen dich selbst ist ebenso schlimm, wie eine gegen deinen Nächsten. Die Hauptsache im Leben ist, dass man etwas leisten kann, dazu muss man aber Zeit und Kraft zusammenhalten und darf sie nicht verschwenden. Deshalb wiederhole ich immer wieder: halte fest, was an Kraft in dir steckt, vermehre sie so sehr du kannst, spare sie, bis du sie wirklich brauchst – dann bist du reicher als einer, der Millionen zusammengerafft, aber seine Lebenskraft vergeudet hat. Diese Kraft ist das höchste aller irdischen Güter.

19. „EIN KÜHLER KOPF"

Unter allen Umständen einen kühlen Kopf bewahren, auch dann, wenn andre den Kopf verlieren, sich sein Urteil ungetrübt erhalten und stets seinem „gesunden Menschenverstand" treu bleiben, auch wenn alle andern außer sich geraten, das zeugt von dem Vorhandensein eines starken Rückhalts von Kraft und ist das Zeichen eines Mannes, der völlig im Gleichgewicht ist und sich selber ganz in der Hand hat.

Wer leicht den Kopf verliert und in schwieriger Lage, wenn ihm etwas Außerordentliches zugemutet wird, sofort außer sich gerät, der ist ein Schwächling, und man kann sich in der Not nicht auf ihn verlassen.

Wen man dagegen überall braucht, das ist der Mann, der sich in der allgemeinen Aufregung seine verständige Überlegung im Denken und seine kühle Ruhe im Handeln bewahrt, der sich nicht aus dem Gleichgewicht bringen lässt, auch wenn man ihn von allen Seiten bestürmt, oder wenn er eine große Verantwortung auf sich nehmen muss.

Es kommt oft vor, dass zur Verwunderung der Angestellten in einem Geschäft einer von ihnen befördert wird, der offenbar gar nicht so glänzend begabt ist wie andere. Aber der Leiter des Geschäfts sieht eben nicht in erster Linie auf glänzende Begabung, sondern auf gesundes Urteil und ausgeglichene Fähigkeiten, und da übergeht er manchen, der vielleicht viel mehr gelernt hat als der, den er schließlich wählt, denn er weiß, dass die Stetigkeit seines Geschäftes auf den Angestellten mit gesundem Urteil beruht.

Ob ein Mann wirklich das innere Gleichgewicht besitzt, zeigt sich darin, dass er kein andrer wird, auch wenn die äußeren Umstände sich ändern. Finanzielle Verluste, das Fehlschlagen seiner Unternehmungen, Sorgen aller Art vermögen ihn nicht niederzudrücken, weil er in sich selbst gefestigt ist, und ebenso wenig schadet ihm „eine Reihe von guten Tagen".

Ein unsicherer Mensch, der hin und her schwankt, der nie weiß, was er will, der umfällt, wenn die Krise kommt, der in der allgemeinen Aufregung jeglichen Halt verliert, der ist nur ein „Schönwettermensch" und kann wie ein zaghaftes junges Mädchen nur bei glatter See ein Boot führen.

Ein prächtiges Beispiel für die Fähigkeit, unter allen Umständen sein ruhiges Gleichgewicht aufrecht zu erhalten, ist ein in der See schwimmender Eisberg. Wie stark auch Sturm und Wellen um ihn toben, er zittert und schwankt nicht, man merkt ihm gar nicht an, dass diese Kräfte auf ihn einwirken; der Grund liegt darin, dass sieben Achtel seiner riesigen Masse unter der Oberfläche des Wassers schwimmen. So ruht der Schwerpunkt des Ganzen in der unbewegten Tiefe der See, unberührt von der Bewegung des Sturmes und der Wellen. Dieser Rückhalt an seiner Masse unter dem Meeresspiegel, diese tiefe Lage seines Schwerpunktes verleihen dem sichtbaren Teil des Eisberges die Kraft, dem Sturm und den Wogen zu trotzen.

Das innere Gleichgewicht ist ein Zeichen von Kraft, weil es das Ergebnis innerer Harmonie ist. Einseitige Geister, wie glänzend ihre Gaben auch nach einer bestimmten Richtung hin sein mögen, sind niemals ausgeglichen, ebenso wenig wie ein Baum ebenmäßig ist, wenn er all seinen Saft, alle aufgenommene Nahrung zum Aufbau eines riesigen Zweiges verbraucht hat, während seine andern Teile Durst leiden mussten.

Das starke innere Gleichgewicht war es, das Menschen wie Webster und Bismarck zu so überragenden Gestalten im politischen Leben machte. Ihrer eigenen Überzeugung, dass sie eine große innere Kraft besaßen, verdankten sie es, dass sie schwächeren Naturen gegenüber, die es sich nicht zutrauten mit ihnen zu wetteifern, so stark im Vorteil waren.

Vielseitige Männer mit kühlem Kopf sind etwas Seltenes und daher stets sehr gesucht. Es gibt so manche ausgezeichnete Männer, die auf vielen Gebieten sehr Gutes leisten und dennoch ständig sonderbare, törichte Dinge tun, wie sie bei keinem guten Geschäftsmann je vorkommen. Ihr mangelhaftes Urteil wird ihnen immer wieder zum Hindernis, und es geht ihnen bei den Wechselfällen des Lebens wie einem Fluss, der auf seinem gewundenen Lauf durch unebenes Land oft einfach nicht weiter kann.

Wer in dem Ruf steht, etwas sonderbar oder nicht ganz sicher in seinem Urteil zu sein und oft törichte Dinge zu tun, so dass man sich nicht auf ihn verlassen kann, wird das bei seinem Weiterkommen als sehr störend empfinden.

Wenn du als Mann mit kühlem Kopf bekannt werden willst, so musst du handeln, wie es einem solchen ziemt. Die meisten Menschen tun immer wieder Dinge, vielleicht Kleinigkeiten, die sie selbst nicht für das Beste und den Umständen nach Richtige halten, aber sie tun sie doch. Dadurch vermindern sie selbst ihre Fähigkeit, unter allen Umständen das Richtige zu tun.

Das Schlimmste ist, dass die meisten von uns nicht immer nach bestem Dafürhalten handeln, sondern so, wie es ihnen gerade am passendsten und bequemsten ist.

Traurig aber wahr: wir sind fast alle träge und machen uns gern von unangenehmen Aufgaben frei. Wir tun nicht gern etwas, was uns in unserm Behagen stört und uns beunruhigen oder anstrengen könnte.

Zwingen wir uns dagegen, stets das zu tun, was wir für unsre Pflicht halten, und es so zu tun, wie wir es im Grund als das einzig Richtige erkannt haben, anstatt auf die Stimme der Neigung oder Bequemlichkeit zu hören, die uns verführen will, die Verantwortung von uns zu schieben, so stärken wir unsern Charakter und unsre Urteilsfähigkeit ganz bedeutend und tragen selbst dazu bei, dass man uns einen „kühlen Kopf“ nennt.

20. ZUVERLÄSSIGKEIT

Es hat sich bis jetzt auf dieser Welt noch nichts gefunden, womit man die Ehrlichkeit ersetzen könnte. Viele sind ausgezogen, ein solches Ersatzmittel zu finden: unsre Gefängnisse erzählen von ihren Erfolgen.

Recht und Gerechtigkeit, Ehrlichkeit und Unantastbarkeit, das sind die Eigenschaften, die den Erfolg sicher verbürgen, und je weiter einer von diesem Weg abweicht, desto mehr gerät er in die Irre und verliert sein Ziel.

Jeder Mensch muss das Gefühl haben, dass etwas in ihm über jede Bestechung und jede Beeinflussung erhaben ist, etwas, das keinen Preis hat, und das ihm selbst mit seinem eigenen Leben nicht zu teuer bezahlt wäre.

Der Einfluss eines Mannes ist umso größer und seine Gewalt über andre umso stärker, je sicherer die andern empfinden, er ist um keinen Preis zu kaufen und gibt seinen Namen zu nichts her, was er nicht vor seinem Gewissen verantworten kann.

Als Lincoln einmal aufgefordert wurde, eine schlechte Sache als Rechtsanwalt zu vertreten, antwortete er: „Das könnte ich gar nicht, selbst wenn ich es wollte und versuchte. So oft ich vor Gericht redete, würde ich denken: ‚Lincoln, du lügst, du lügst!' und ich glaube, ich würde mich so weit vergessen, dass ich das selber laut sage."

Niemand kann Selbstachtung haben, der eine falsche Stellung einnimmt oder eine Maske trägt, dem eine Stimme im Innern immerfort zuflüstert: „Du bist nicht der Mann, für den du gelten willst." Das Bewusstsein, dass er nicht „echt" ist, dass er das nicht ist, was die andern von ihm denken, raubt ihm seine beste Kraft und vernichtet seinen Charakter zugleich mit seiner Selbstachtung und seinem Selbstvertrauen.

Bleibe niemals in einer nicht ganz zweifelsfreien Stellung, so viel sie dir auch einbringen mag, weil es, wie Luther in Worms sagte, „weder sicher noch geraten ist, etwas wider sein Gewissen zu tun". Wenn dein Vorgesetzter dir etwas Unrechtes zumuten will, so antworte ihm, du könnest nicht für ihn arbeiten, wenn nicht jede Arbeit den Stempel deiner unbedingten Ehrlichkeit trage. Wenn dein Bestes ihm keinen Erfolg bringt, so kann das Niedrigste in dir ihm noch viel weniger bringen. Du kannst nicht das Beste, was du hast, deine Ehre und deinen Wert als Mensch, an einen unehrlichen Mann oder an ein unsauberes Geschäft verkaufen. Schon die bloße Zumutung, das zu tun, muss dir als Beleidigung erscheinen.

Entschließe dich, dass du dich niemals dafür bezahlen lässt, weniger als ein ehrlicher Mann zu sein, dass du deine Fähigkeiten und deine Selbstachtung nicht dafür hergeben willst, für einen andern zu lügen und zu betrügen.

Entschließe dich vor allen Dingen, zuverlässig zu sein: sei nicht ein bloßer Rechtsanwalt oder Arzt oder Kaufmann oder Angestellter oder Abgeordneter oder ein Mann mit einem großen Geldbeutel, sondern sei zuerst und zuletzt ein Mensch.

21. SELBSTÄNDIGKEIT

Es ist ein großer Fehler, den aber viele Leute begehen: wenn sie nicht ganz hervorragende Talente haben, so halten sie es nicht für der Mühe wert, aus ihrer bescheidenen Veranlagung so viel als möglich zu machen. Mancher hat sich im gegebenen Augenblick als trefflicher Anführer bewährt, bei dem es erst gar nicht so aussah, als ob er viel Anlage zur Selbständigkeit hätte. Wir kennen unsre eigene Kraft so lange nicht, als wir keine Gelegenheit haben, sie zu zeigen. Selbständigkeit ist der beste Ersatz für Freunde, für Geld oder Begünstigung, für einen vornehmen Stammbaum oder für sonstige Unterstützungen im Leben. Sie hat den Menschen über mehr Hindernisse und Schwierigkeiten weggeholfen und sie zu höheren Leistungen befähigt, als irgendeine andre Eigenschaft.

Jeder ganze Mensch ist fähig, unabhängig zu sein, aber es sind immer nur wenige, die es so weit bringen. Es ist freilich auch sehr viel leichter und bequemer, sich an andre anzulehnen, andern nachzufolgen und andre für sich denken zu lassen, als selbständig zu handeln.

Für einen unternehmungslustigen Geist ist nichts niederschlagender als zu sehen, dass schon jemand anders die Sache für ihn getan hat und ihm also nichts mehr zu tun übrig bleibt.

So viele Menschen bemühen sich, ihren Kindern einen leichteren Aufstieg im Leben zu ermöglichen, als sie ihn selbst gehabt haben: aber oft bringen sie ihnen, ohne es zu wissen, mit diesen Bemühungen nur Unglück; denn statt sie schneller vorwärts kommen zu lassen, hindern sie sie geradezu am Vorwärtskommen. Junge Leute brauchen so viel Antrieb als möglich. Sie neigen von Natur dazu, sich an andre anzuschließen und andre nachzuahmen, und die Gefahr liegt nahe, dass sie über das unselbständige Nachahmen nie hinauskommen. Wenn man ihnen Krücken gibt, so lernen sie niemals allein gehen; sie verlassen sich auf andre, solang es irgend geht.

Wirkliche Kraft entwickelt sich nur bei dem, der sich auf sich selbst verlässt und sich selber hilft, niemals bei dem, der durch Gunst oder Einfluss emporkommt und sich an andre anlehnt. Emerson sagt: „Wer auf dem weichen Kissen der Unterstützung durch andre sitzt, der schläft bald ein."

Wer seine Krücken und Stützen wegwirft, wer die Brücken hinter sich abbricht und sich nur auf sich selbst verlässt, der allein gewinnt. Selbständigkeit ist der Schlüssel zum Tor des Erfolges, weil sie die eigene Kraft entwickelt.

Ein Schiff auf spiegelglatter See zu steuern, ist nicht schwer und man braucht kein hervorragender Seemann zu sein, um es zu können. Aber wenn der Sturm das

Meer aufwühlt, wenn das Schiff sich Bahn brechen muss durch Wellen, die es zu verschlingen drohen, wenn alles den Kopf verliert und die Mannschaft nicht mehr gehorchen will – dann zeigt der Kapitän, ob er ein rechter Seemann ist oder nicht.

Erst wenn einer seinen Geist aufs Äußerste anstrengen und alles aus sich herausholen muss, was von Erfindungsgabe in ihm liegt, um einer drohenden Gefahr zu begegnen, erst dann entwickelt er alle seine Kräfte. Im Konkurrenzkampf, wenn es sich um Sein oder Nichtsein des Geschäftes handelt, da erst zeigt ein Geschäftsmann, was er leisten kann. Ohne Kampf kein Wachstum und keine Kraftsteigerung.

In dem Augenblick, da du aufhörst, dich auf andre zu verlassen und selbständig zu handeln, tust du den ersten Schritt zum Erfolg; in dem Augenblick, da du alle fremde Unterstützung über Bord wirfst, fängst du an, Kräfte zu entwickeln, deren Besitz du vorher nie geahnt hattest.

Hilfe, die dir andre leisten, erscheint dir vielleicht als ein Segen, aber sie ist meist ein Fluch, weil sie dich schwächer macht. Wer dir Geld gibt, der ist nicht dein bester Freund; das ist vielmehr der, der dich antreibt, und, wenn er kann, zwingt, dich nur auf dich selbst zu verlassen und dir selber zu helfen.

Wie mancher Alte oder Krüppel steht auf eigenen Füßen, während du, jung, gesund und kräftig wie du bist, dich nach fremder Hilfe umsiehst.

Wer seine gesunden Glieder hat, der kann sich nicht als ganzer Mann fühlen, solang er von andern abhängt. Hat er aber eine Arbeit oder eine Stellung, die ihn vollkommen unabhängig macht, so empfindet er ein Gefühl von Kraft und von Ganzheit, das ihm nichts auf der Welt sonst gewähren kann. Die Ursache, warum so viele Menschen in der Welt gar keine Rolle spielen, liegt darin, dass sie sich scheuen, selbständig zu denken oder zu handeln. Sie fürchten beständig, irgendwo anzustoßen, sie strecken immer erst einen Fühler aus, um zu erfahren, was andre denken oder tun, und dann passen sie sich dem in irgendeiner Weise an. Und doch ist etwas in uns, das uns treibt, das Echte und Ursprüngliche zu schätzen, wie den Mann, der den Mut der eigenen Meinung hat und auf eigenen Füßen steht, während wir von selbst den gering schätzen, der sich nicht so zu geben wagt, wie er ist. Wir lieben den, der ohne Furcht vor dem Urteil andrer tut, was er für recht hält.

22. VERANTWORTLICHKEIT MACHT STARK

In einem Torpedo ist genug gebundene Energie vorhanden, um ein ganzes Kriegsschiff in Stücke zu reißen. Aber nur im Zusammenstoß mit einem so gewaltigen Körper kann zutage kommen, wie viel Kraft in ihm verborgen war.

So kennt auch kein Mensch seine ganze Kraft und Stärke, bevor nicht eine große Verantwortung, eine große Notwendigkeit – in dem Sinn, wie Richard Wagner das Wort gebraucht, dass eine große Not gewendet werden muss – sie ans Tageslicht ruft.

Landarbeit, Holzhacken, hinter dem Ladentisch stehen, der mexikanische Krieg, allerhand Handelsgeschäfte – das alles weckte den schlummernden Riesen in General Grant noch nicht auf. Vielleicht hätte man außerhalb eines verhältnismäßig engen Kreises nie etwas von ihm gehört, wenn nicht die Entscheidung für ihn gekommen wäre durch den Bürgerkrieg. Es war eine ungeheure Energie in dem Mann, aber wie bei dem Torpedo bedurfte es eines so ungeheuren Anstoßes, wie der Bürgerkrieg ihn darbot, um diese Energie zu entfesseln.

Landarbeit, Holzhacken, Schienenlegen, Landmessen, hinter dem Ladentisch stehen, der Beruf des Anwalts, ja sogar die Mitgliedschaft im Kongress der Vereinigten Staaten – all das war nicht stark genug und bot sozusagen nicht Widerstand genug, um die gebundene Kraft in Abraham Lincoln zur Auslösung zu bringen. Nur die Verantwortung, die ihm die Tatsache auferlegte, dass ein ganzes Volk vor seiner Lebensfrage stand, war stark genug, um die Kraft dieses Mannes ans Tageslicht zu bringen, der wohl der Größte war unter allen, die in dem Weltteil Amerika lebten.

Die starken Männer, die die Menschheit um einen Schritt weiter brachten, haben ihre Stärke meistens erst entdeckt, als sie sich selber helfen mussten, als sie alles verloren hatten bis auf ihre Energie, und als sie einer wirklichen Notwendigkeit gegenüberstanden. Sie sind stark geworden, weil sie große Schwierigkeiten zu überwinden hatten: die Stärke des Widerstandes, den sie besiegten, haben sie ihrer eigenen Kraft zugelegt.

Manche unter unsern großen Geschäftsleuten sind erst dann zum Bewusstsein ihrer Kraft gekommen, als ein großes Unglück sie um alles gebracht und ihnen jede Krücke genommen hatte, der sie sich bis dahin bedienen konnten; jetzt erst standen sie ganz auf eigenen Füßen. Unsre stärkste Kraft liegt so tief in unserm Wesen verborgen, dass oft nur eine große Not sie an den Tag bringt. Erst wenn alle Brücken hinter uns verbrannt sind, erst wenn keine Hilfe von außen mehr uns zur Verfügung steht, erst dann entdecken wir, was in uns liegt. Wie mancher verdankt sein Glück einem scheinbaren Unglück: eine Unterstützung wurde ihm genommen, die er bisher besaß, und so musste er lernen, auf eigenen Füßen zu stehen und für sich selber zu sorgen.

Verantwortung ist der große Kraftentwickler. Wer nie eine richtige Verantwortung zu tragen hat, der entwickelt die Kraft gar nicht, die in ihm liegt. Dies ist einer der Gründe, warum man unter Leuten, die ihr Leben lang in untergeordneter Stellung waren, so wenig kraftvolle Naturen findet; ihre Kräfte sind nie auf die Probe gestellt worden und deshalb auch nie zu voller Entwicklung gekommen, weil sie nie zu einer verantwortlichen Stellung gelangten. Andre haben für sie gedacht, und sie haben nur die Gedanken andrer ausgeführt. Sie haben nie gelernt, auf eigenen Füßen zu stehen und auf eigene Faust zu handeln, und deshalb hat sich das Beste, was in ihnen lag, nicht entfalten können: schöpferische Kraft, Erfindungsgabe, selbständiges Handeln aus eigenem Antrieb, Unabhängigkeit, Selbstvertrauen – alles blieb im Schlummer. Diese Kräfte und Fähigkeiten entwickeln sich nur, wenn sie lange unter stärkster eigener Verantwortung geübt werden.

Nichts ist irreführender als die Meinung, wenn in einem jungen Menschen etwas stecke, so werde es schon an den Tag kommen. Es kann an den Tag kommen – oder auch nicht; das hängt sehr wesentlich von den Umständen ab, ob diese die Energie wecken oder nicht. Die größten Fähigkeiten bleiben oft unentwickelt, weil das Selbstvertrauen oder der Ehrgeiz fehlt, die sie zur Tätigkeit bringen könnten.

Lege einem Menschen eine große Verantwortlichkeit auf, bringe ihn in eine recht verzweifelte Lage – dann kommt alles an den Tag, was in ihm steckt: Erfindungskraft, Selbstvertrauen, Anpassungsfähigkeit, die Anlage zum Leiter oder Führer. Deshalb sei nicht unglücklich, mein Freund, wenn du in die Lage kommst, wo eine große Verantwortung auf dich drückt: freue dich darüber, denn sie kann dein Glück bedeuten.

23. NUR NICHT NACHAHMEN!

Die Welt bewundert den, der den Mut hat, mit dem Haupt über die Menge hervorzuragen, sich vorne anzustellen und zu behaupten. Zeichne dir deinen eigenen Weg vor, sonst wirst du niemals auf die Welt Eindruck machen. Starke Eigenart zieht die Aufmerksamkeit auf sich.

Was du auch tust, folge nicht der Art andrer, ahme niemand nach, mache deine Sache nicht, wie alle andern sie bisher gemacht haben, sondern versuche neue, eigene Wege. Zeige auf deinem Gebiet, dass du dich nicht in allem nach Vorgängern richten, sondern dass du nach eigenen Plänen vorgehen willst. Ob du viel oder wenig in der Welt vollbringst, mache es auf deine eigene Art. Scheue dich nicht davor, dich auf kühne, selbständige Weise zu behaupten. Eigenart ist Kraft und Leben, Nachahmung ist Schwäche und Tod.

Scheue dich nicht davor, aus dir herauszugehen. Du wächst durch Eigenart, niemals durch Nachahmen, durch Führen und nicht durch Folgen. Nimm dir vor, eigene Gedanken zu denken und sieh zu, dass du darin weiterkommst. Denk eine Sache bis zum Ende durch! Ein selbständiger Mann findet stets einen Platz.

Die Welt ist voll von Leuten, die bloß andern nachlaufen oder an andre sich anlehnen können, die nur in ausgefahrenen Gleisen vorwärts gehen und andre für sich denken lassen. Aber überall sucht man Menschen mit eigener Kraft, die die ausgetretenen Pfade verlassen und neue Gebiete entdecken, Ärzte, Rechtsanwälte, Lehrer, die auf neuen Wegen vorwärts schreiten, Prediger, die den Mut haben, die Botschaft zu verkündigen, die Gott ihnen selbst aufgetragen hat, nicht einem Mann aus grauer Vorzeit, der sie in ein Buch geschrieben hat. Die Welt will Prediger, die ihre Predigten aus dem Leben schöpfen und nicht aus einer Sammlung von Büchern.

Du darfst dich nicht fürchten, selbstständig zu sein. Sei etwas Besonderes, nicht einfach eine Nummer mehr in der Welt. Sei nicht ein bloßer Nachfolger deines Vaters oder Großvaters; das ist so töricht, als wenn das Veilchen eine Rose oder das Maßliebchen eine Sonnenblume sein wollte. Die Natur hat jeden zu seinem eigenen Ziel und Zweck ausgerüstet. Jeder Mensch ist dazu geschaffen, eine bestimmte Aufgabe in eigenartiger Weise zu lösen. Wenn er versucht, einen andern Menschen nachzuahmen oder die Arbeit eines andern zu verrichten, so wird er verkümmern und verkommen.

Noch kein Mensch hat dadurch im Leben Erfolge erzielt, dass er versuchte, ganz so zu sein wie ein andrer, selbst wenn dieser andre die größten Erfolge hatte. Den Erfolg kann man nicht nachahmen, jedenfalls nicht mit Erfolg. Im Gegenteil, je mehr du dich von dir selbst entfernst und andre nachahmst, desto weniger Erfolg wirst du erzielen. Kraft kann nur von innen kommen, nicht von außen. Deshalb bleibe stets, der du bist, und horche auf die Stimme, die in *deinem* Innern spricht.

In jeder Tätigkeit und in jedem Beruf ist Raum für neue Bahnen. Noch nie ist Eigenart so hoch geschätzt worden wie heutzutage. Die Welt nimmt den Mann, der eigene Gedanken hat, mit offenen Armen auf. Er, der Denker, der neue, der Jetztzeit entsprechende Wege eröffnet, ist die eigentlich schöpferische Kraft jeder Gemeinschaft. Ihn sucht man überall, nach dem bloßen Maschinenmenschen dagegen ist wenig Nachfrage.

Selbständigkeit, Einzigartigkeit ist die beste Reklame, die es gibt. Wer es im Geschäftsleben wie alle andern macht, wird, und wenn er ihnen auch an Fähigkeiten überlegen ist, doch nie viel Aufmerksamkeit auf sich lenken. Geht er dagegen seinen eigenen Weg, macht seine Arbeit auf neue, fortschrittliche Weise, lenkt sein Können auf ein besonderes Gebiet und erregt dadurch Aufmerksamkeit, so wird jeder, der ihn begünstigt, zu einer wandelnden Reklame für ihn.

Verfallt aber nicht in den Fehler zu glauben, dass wenn ihr eure Sache nur auf eigene Art und Weise anfasst, so müsste sich auch unbedingt Erfolg einstellen. Es muss wirklich schöpferische Eigenart vorhanden sein. Es gibt genug Menschen, die hinter allem Neuen her sind und doch nie etwas Hervorragendes zustande bringen, weil es ihnen an praktischem Sinn fehlt.

Die Welt braucht Menschen, die die Dinge anders und auf neue Weise machen. Du brauchst nicht zu denken, weil dein Plan völlig neu ist oder du noch jung bist, man werde dich nicht anhören; wer etwas Neues und Wertvolles zu geben hat, auf den hört man und dem folgt man. Ein Mensch mit starker Persönlichkeit, der es wagt, eigene Gedanken zu denken und eigene Wege zu gehen, der sich nicht scheut, er selbst zu sein, und der niemandes Abbild sein will – der findet bald Anerkennung. Ja, nichts lenkt die Aufmerksamkeit so rasch auf einen Menschen, als Eigenart, als eine neue Art, die Dinge zu tun, vor allem, wenn etwas dabei herauskommt.

Es ist das neueste Geschäft mit den zeitgemäßesten Einrichtungen, den „letzten Neuheiten", und den neusten ursprünglichsten Gedanken, das die Leute anlockt.

Das Klügste, was ein Mensch tun kann – ich rede jetzt gar nicht von dem günstigen Einfluss, den es auf seinen Charakter hat – besteht darin, dass er so viel Eigenart und Vortrefflichkeit als möglich in jede Arbeit legt, die er tut, dass er von vornherein entschlossen ist, auf jedes Stück, das aus seiner Hand geht, den Stempel seiner Eigenart zu drücken und ihm als Handelsmarke das Beste mitzugeben, was in ihm ist. Wenn er das tut, so braucht er kein großes Kapital, um ein Geschäft aufzutun und sich bekannt zu machen. Die besten Hilfsquellen trägt er in sich.

Vom Umgang mit Menschen

24. GEFÄHRLICHE EMPFINDLICHKEIT

„Durch Überempfindlichkeit in den Tod getrieben" stand neulich als Überschrift einer ergreifenden Tragödie in der Zeitung.

Ein junges Mädchen, das in dem Behagen und dem Geborgensein eines glücklichen Heims aufgewachsen war, sah sich plötzlich auf eigene Füße gestellt. Der Tod ihres Vaters und der Zusammenbruch seines Geschäfts zwangen sie, ins Leben hinauszutreten und für sich und ihre alte Mutter den Unterhalt zu verdienen. Sie fand einen Platz als Sekretärin in einem New Yorker Geschäftshaus, und eine Zeitlang versuchte sie tapfer, sich in ihr Los zu finden.

Aber das junge Mädchen, das eine so sorgsam behütete Jugend hinter sich hatte, war stolz und überempfindlich. Ihre schäbige Kleidung musste den andern zu allerlei Vermutungen Anlass geben, und so zog sie sich mehr und mehr in sich zurück und hielt sich fern von ihren feiner gekleideten Kolleginnen, bei denen sie für „sonderbar" galt.

Eines Tages fragte sie einer der Buchhalter, ein gedankenloser, ungebildeter Mensch, warum sie nicht etwas mehr auf sich hielte und sich wie die andern anzöge? Sie fuhr zurück, als hätte man ihr einen Schlag versetzt, und brach in Tränen aus. Jetzt wurde es mit ihrer Empfindlichkeit noch schlimmer. Sie verglich ihre gestopften Handschuhe, geflickten Schuhe und fadenscheinigen Kleider mit dem eleganten Äußern der andern um sie her, von denen viele nicht nur von ihrer Hände Arbeit lebten, und sie fand, sie könne diesen Zustand nicht länger ertragen. So wanderte eines Tages das Geld, das sie sonst für ihr Frühstück ausgab, zum Drogisten, und eine Flasche Karbolsäure machte allem ein Ende.

Menschen wie dies arme junge Mädchen gleichen den Mimosen, deren Blätter sich bei der leisesten Berührung schließen. Man muss im Verkehr mit ihnen ständig auf der Hut sein, sie nicht zu verletzen, sie haben so viele empfindliche Stellen, dass man es nur mit der größten Mühe vermeiden kann, sie zu verwunden. Die geringste Vernachlässigung empfinden sie stärker als Menschen, die aus derberem Holz geschnitzt sind, einen Schlag fühlen würden.

Im Familienkreis begegnet man häufig solch unglückseligen Beispielen von Überempfindlichkeit, wo sich ein Glied der Familie fortwährend schwer gekränkt fühlt durch irgendeine völlig unschuldige Bemerkung von Geschwistern oder Eltern.

Ungezählte Menschen sind ohne Stellung oder können sich in einer guten, wenn sie sie bekommen haben, nicht halten – nur wegen dieser Schwäche. Manchen guten Geschäftsmann hat es am Vorwärtskommen gehindert oder sogar zugrunde gerichtet, dass er sich stets gekränkt oder schlecht behandelt fühlt.

Mancher feingebildete, begabte Geistliche ist so empfindlich, dass er keine Pfarrei lange behalten kann. Nach seiner krankhaften Ansicht sagt oder denkt beständig jemand unfreundliche Dinge, die darauf zielen, ihn in den Augen seiner Gemeinde herabzusetzen.

Auch manche Lehrer leiden sehr an dieser Überempfindlichkeit. Bemerkungen von Eltern oder Schulvorständen, oder kleine Brocken von Klatsch, die man ihnen zuträgt, wirken auf sie wie lauter Nadelstiche.

Schriftsteller, Dichter und andre Leute mit dem Temperament der Künstler sind gewöhnlich sehr empfindlich. Ich kenne da einen sehr tüchtigen begabten Tagesschriftsteller, der ist so empfindlich, wittert überall Beleidigungen, dass er es bei keiner Zeitschrift oder Tageszeitung lange aushält. Der geringste Tadel verletzt ihn aufs tiefste, und jede Andeutung, die sich nur irgend auf seine Arbeit beziehen könnte, fasst er als persönliche Kränkung auf. So geht er ständig mit beleidigtem Gesicht umher, was seiner sonst liebenswürdigen Persönlichkeit starken Abbruch tut.

Diese Überempfindlichkeit ist im Grunde eine übertriebene Form von Selbstbewusstsein. Von Selbstüberhebung oder Eitelkeit ist sie zwar noch weit entfernt, aber sie bewirkt doch, dass man seine eigene Person viel zu sehr in den Vordergrund rückt. Ein empfindlicher

Mensch fühlt sich fortwährend, bei allem was er sagt, tut oder treibt, als Mittelpunkt der Aufmerksamkeit. Er bildet sich ein, dass die andern ihn auf Schritt und Tritt beobachten, dass sie sich über ihn lustig machen oder seinen Charakter erörtern – wenn sie wahrscheinlich überhaupt nicht an ihn denken. Er macht sich nicht klar, dass andere Leute viel zu viel mit ihren eigenen Angelegenheiten zu tun haben, um ihm mehr Zeit und Gedanken zu widmen als unbedingt notwendig.

Die meisten Menschen, wie rau auch ihre Außenseite sein mag, sind im Grunde freundlicher Natur und möchten ihren Mitmenschen viel lieber helfen, als sie am Fortkommen hindern, haben aber keine Zeit dazu, das Wesen und die Gefühle derer, mit denen sie im Lauf der täglichen Geschäfte zusammenkommen, genau unter die Lupe zu nehmen. In der Geschäftswelt ist es ein ewiges Geben und Nehmen, Kommen und Gehen, und die, die vorwärts kommen wollen, müssen sich von jeder krankhaften Empfindlichkeit freimachen. Wenn sie das nicht tun, verurteilen sie sich selbst zu einem unglücklichen, erfolglosen Leben.

Tausende von jungen Leuten lassen sich von dem, was sie brennend gern unternehmen würden, abhalten und wagen nicht, den großen Traum ihres Lebens zu verwirklichen, weil sie sich fürchten, in der Welt anzustoßen. Ihre Überempfindlichkeit macht sie zu Feiglingen.

Gegen krankhafte Empfindlichkeit muss man mit den härtesten Mitteln vorgehen. Wer daran leidet und sie überwinden möchte, muss sich ebenso entschlossen selbst in die Hand nehmen, als wenn er seines Jähzorns Herr werden, oder einen Hang zum Lügen, Stehlen, Trinken, oder ähnlichen Schwächen ausrotten wollte, die es ihm unmöglich machen, ein vollwertiger Mensch zu sein.

„Was soll ich tun, um sie loszuwerden?" fragt das Opfer. Denk weniger an dich selbst und mehr an andre! Geh möglichst viel unter Menschen! Nimm Anteil an dem, was um dich herum vorgeht! Brüte nicht über dem, was über dich gesagt wird, und deutele nicht an jeder einfachen Bemerkung so lange herum, bis du aus der Mücke einen Elefanten gemacht hast. Habe keine so niedrige, ungerechte Meinung von den Menschen, zu denken, sie legten es darauf an, die Gefühle andrer zu verletzen und sich bei jeder Gelegenheit über sie lustig zu machen.

Wer sich selbst richtig einschätzt und seinen Nachbarn nur so weit traut, dass er sie nicht für schlechter hält als sich selbst, kann nicht lange an der gefährlichen Empfindlichkeit kranken.

25. TAKT

Takt ist die Sprungfeder, die den Wagen gegen Stöße schützt, das Öl, das die Maschine ohne Reibung laufen lässt, der Schlüssel, der die Tür zum Empfangsraum öffnet, wenn andre im Vorzimmer warten müssen.

Wie oft aber bleiben die glänzendsten Fähigkeiten ohne Erfolg, weil ihr Träger diese schwer zu beschreibende, aber außerordentlich wertvolle Eigenschaft nicht besitzt. Freunde, Kunden, Einfluss, Geld – alles kann man durch Taktlosigkeit verlieren. Wer nicht das rechte Wort zur rechten Zeit sagen und die rechte Tat am rechten Ort tun kann, der bringt es zu nichts. Bildung, Kenntnisse, Begabung – alles zusammen hilft nicht so viel, wie eine einzige Sache recht können und taktvoll ausführen.

Wie die Liebe „der Sünden Menge deckt“, so deckt der Takt die Unwissenheit zu: ein taktvoller Mensch erwirbt sich mehr Achtung und Neigung durch die taktvolle Art, mit der er seine Unwissenheit umgeht, als ein taktloser mit dem Zurschautragen seiner sämtlichen Kenntnisse.

Der Takt ist geradezu ein Stück Geschäft. In einer großen Stadt, wo hundert Geschäfte die Kunden anzuziehen suchen, spielt der Takt, mit dem das geschieht, eine große Rolle.

Ein hervorragender Geschäftsmann sagt, man müsse dem, der Erfolg haben will, ein Mittel verschreiben, das aus vier Bestandteilen zusammengesetzt sei: Begeisterung, Geschäftskenntnis, gutes Äußere und als wichtigstes Takt.

Ich kenne einen Mann, dessen Erfolge trotz aller Anstrengung immer wieder vereitelt wurden durch den Mangel an Takt. Er kommt nie mit den Menschen zurecht. Er hat offenbar eine Menge vortrefflicher Eigenschaften, die ihn dazu befähigen würden, eine leitende Stellung einzunehmen, aber es ist nichts aus ihm geworden, weil er überall anstößt. Immer sagt oder tut er das Falsche und verletzt andre ganz absichtslos, einfach weil er nicht die geringste Spur von dem besitzt, was man Takt nennt.

Manche Menschen scheinen ganz außerstande, Takt zu erlernen: sie sind selber, wie man treffend sagt, dickfellig und können daher nicht begreifen, dass andre Leute feinere Empfindungen haben. Verletzende Wahrheiten kann man sehr oft ruhig verschweigen, ohne der Wahrheit selbst im Geringsten zu nahe zu treten. Mark Twain sagt witzig, aber treffend: „Die Wahrheit ist etwas so Kostbares, dass wir recht sparsam damit umgehen sollen."

Taktvolle Menschen gewinnen andre rasch zu Freunden, denn ihnen gegenüber geht jeder schnell und leicht aus sich heraus und gibt das Beste, was er hat.

Wenn taktvolle Menschen mit jemand zusammenkommen, so suchen sie herauszufinden, mit was der andre sich beschäftigt oder was ihn interessiert, und davon sprechen sie dann mit ihm. Sie reden nicht von sich selbst oder was sie selber tun, denn sie wissen wohl, jeder nimmt eben nun einmal den meisten Anteil an seinen eigenen Angelegenheiten und redet am liebsten von dem, was er selber treibt oder vorhat. Taktlose Menschen reden dagegen immer nur von dem, was ihnen gerade im Sinn liegt, und denken nicht daran, wie langweilig das unter Umständen für andre sein kann.

Es zeugt schon von Mangel an Takt, wenn man solchen Menschen, an denen man nun einmal keinen herzlichen Anteil nehmen kann, seine Gleichgültigkeit so recht deutlich zeigt. Aber es gibt nur zu viele, die das tun. Wenn jemand eine kleine, ihnen unangenehme Eigenheit oder Gewohnheit hat, so wollen sie nichts von ihm wissen und lassen ihn wohl gar ihre Abneigung fühlen. Wenn sie mit Leuten zusammen sein müssen, zu denen sie sich nicht hingezogen fühlen, so zeigen sie sich so ungefällig und ungemütlich wie nur möglich. Und doch gibt es kaum ein besseres Mittel zu unsrer Selbsterziehung, als wenn wir uns in solchen Fällen zusammennehmen und uns von der besten Seite zu zeigen suchen. Es ist ganz merkwürdig, wie viel wir da oft an Menschen doch finden, an die wir erst gar nicht heran wollten; ja, wer Verstand und Gemüt hat, der findet eigentlich bei jedem Menschen etwas, an dem er Anteil nehmen kann. Jemand, der über den Takt schrieb, hat folgende Eigenschaften aufgezählt, die beisammen sein müssen, wenn wir von jemand sagen sollen, er habe wirklich Takt. „Er muss ein mitfühlendes Verständnis für das menschliche Herz haben und für die Regungen von Furcht und Schwäche, Hoffnung und Sehnsucht, die es durchweben. Er muss fähig sein, sich in die Lage andrer Menschen hineinzudenken und sich die Dinge so vorzustellen, wie sie jenen erscheinen. Er muss großmütig genug sein, alle Äußerungen zu unterdrücken, die unnötig verletzen könnten. Er muss das im Augenblick Nützliche sofort erfassen und bereit sein, die dazu nötigen Zugeständnisse zu machen. Er muss begreifen, dass es Millionen verschiedener Ansichten gibt, und dass die seinige nur eine unter vielen ist. Er muss so viel aufrichtige Herzensgüte besitzen, dass selbst ein Gegner oder Feind sich seinem guten Willen gegenüber verpflichtet fühlen muss. Er muss wissen, was unter den gegebenen Umständen üblich und hergebracht ist, und muss diese Umstände selbst mit Freiheit und Wohlwollen übersehen. Er muss frei von jeder Empfindlichkeit, stets in guter Stimmung und unbedingt zuverlässig sein."

26. PÜNKTLICHKEIT

Ein großer Gelehrter hat einmal gesagt, um auf dieser Welt Großes zu leisten, seien dem Menschen zwei Dinge nötig: Können und Pünktlichkeit. Das Erstere ist oft die Frucht des Letzteren. Ein Mensch, der ganz von dem Wert der Zeit durchdrungen ist, wird jede einzelne Minute so ausnützen, dass sein Können dadurch von Tag zu Tag wachsen und seinem ganzen Leben den Stempel aufdrücken muss.

Man wird selten einen wirklich erfolgreichen Menschen finden, der sich nicht Pünktlichkeit streng zur Gewohnheit gemacht hätte. Wer stets den Zug versäumt, wer bei allen Verabredungen auf sich warten lässt, und wer mit der Bezahlung seiner Rechnungen stets im Rückstand ist, der erweckt von vornherein Misstrauen bei allen, die mit ihm zu tun haben. Er mag ehrlich und voll der besten Absichten sein, aber wir alle wissen, welcher Weg mit guten Absichten gepflastert ist. Das ganze Gebäude des Geschäftslebens ruht auf dem Eckstein der Pünktlichkeit, und auf einen Mann, der seinen Pflichten nicht pünktlich nachkommt, kann man sich nicht verlassen, wie gut er es auch meint. Lautere Absichten allein tun's nicht; für Saumseligkeit sind sie keine Entschuldigung.

Wer sich angewöhnt, bei allem was er tut auf die Minute pünktlich zu sein, der verdoppelt seine Zeit. Napoleon behauptete, er habe die Österreicher geschlagen, weil sie den Wert von fünf Minuten nicht gekannt hätten. „Jeden verlorenen Augenblick“, sagte er, „macht sich das Unglück zunutze.“ Und Schiller hat gesagt: „Was du von der Minute ausgeschlagen, bringt keine Ewigkeit zurück.“

Für Geschäftsleute gibt es keine wünschenswertere Eigenschaft und keine, die so unerlässlich wäre, wie Pünktlichkeit, und das Gleiche gilt für alle, die mit ihrer eigenen und andrer Leute Zeit sparsam umgehen wollen. Napoleon lud einst seine Marschälle zum Essen ein, da sie jedoch nicht zur angegebenen Zeit erschienen, setzte er sich ohne sie zu Tisch. Sie kamen, als er gerade fertig war und wieder aufstand. „Meine Herren“, sagte er da, „das Essen ist vorbei, und wir können nun sogleich zur Arbeit übergehen.“

Schon mancher junge Mann ist bei der Beförderung übergangen worden oder hat sich eine gute Stellung verscherzt, weil er nicht pünktlich sein konnte. Bei dem verstorbenen Cornelius Vanderbilt galt Unpünktlichkeit als unverzeihliche Sünde. Einst wandte sich ein junger Mann an ihn mit der Bitte, ihm zur Erlangung einer Stelle behilflich zu sein, und Vanderbilt ließ ihm sagen, er möge sich an dem und dem Tag um zehn Uhr morgens in seinem Geschäft einfinden, dann werde er mit ihm zu dem Direktor der Eisenbahngesellschaft gehen, in deren Kanzlei eine Sekretärstelle zu besetzen war. Der junge Mann stellte sich an dem angegebenen Tage ein, aber zwanzig Minuten nach zehn. Herr Vanderbilt war nicht mehr da. Er war in eine Sitzung gegangen. Ein paar Tage darauf fand der junge Mann Gelegenheit, ihn zu sprechen, und als Vanderbilt ihn fragte, warum er nicht gekommen sei, antwortete er: „Nun, ich war doch da, zwanzig Minuten nach zehn!" „Wir hatten uns aber auf zehn Uhr verabredet", sagte Vanderbilt. „O, ich weiß", warf der junge Mann ein, „aber ich dachte, auf fünfzehn oder zwanzig Minuten käme es nicht an." „Ach wirklich?" entgegnete Herr Vanderbilt, „nun, Sie werden noch lernen, dass es allerdings sehr darauf ankommt, ob man seine Verabredungen pünktlich einhält oder nicht. In diesem Fall hat Ihr Mangel an Pünktlichkeit Sie um den Platz gebracht, den Sie gern gehabt hätten, denn er wurde gerade an dem Tag vergeben, auf den ich Sie bestellt hatte. Außerdem lassen Sie sich gesagt sein, junger Mann, dass Sie kein Recht haben, zwanzig Minuten meiner Zeit als so belanglos anzusehen, dass Sie meinen, Sie könnten mich so lange warten lassen. Ich hatte vielmehr in dieser Zeit zwei andre wichtige Angelegenheiten zu erledigen."

Der verstorbene J. Pierpont Morgan sagte zu einem Freund, er schätze jede Stunde seiner Zeit auf tausend Dollar. Junge Leute, die gerne zugeben, dass ein Mann wie Morgan durchaus recht hat, seine Zeit so hoch zu bewerten, fahren ruhig fort, viele ihrer eigenen kostbaren Stunden zu vergeuden. Sie machen sich nicht klar, dass ihre Zeit ihnen ebensoviel wert sein könnte wie Mr. Morgans Zeit ihm wert war.

Wie kann der hoffen, etwas zu erreichen, dessen „morgen" immer schon verpfändet ist an die Schuld, die heute hätte abgetragen werden sollen? Der muntere Junge, der entschlossene Mann, der stets auf dem Posten ist und jedes Ding zur rechten Zeit tut, der setzt sich durch. Erst durch Pünktlichkeit werden alle Fähigkeiten zusammengehalten und zur vollen Wirkung gebracht.

„Das Geheimnis unsres Erfolgs", sagte Amos Lawrence, „lag einzig und allein darin, dass wir es uns zur strengen Gewohnheit gemacht hatten, immer sofort zu handeln und so stets die Hochflut auszunutzen, während die meisten zögerten, bis die Flutzeit schon halb vorüber war und sie auf Sandbänke gerieten."

Wie alle andern Gewohnheiten ist auch die Pünktlichkeit eine Sache, die in erster Linie von der Umgebung und der Erziehung der Jugendjahre abhängt. Der Knabe, der zu seiner Mutter sagt: „Ja, gleich", wenn er etwas tun soll, der seine Schularbeiten bis zur letzten Minute aufschiebt, der einen Auftrag erst ausführt, wenn er sein Spiel beendet hat, und der nichts von selber tut, der wird auch im späteren Leben immer zu spät sein, wenn es gilt, eine günstige Gelegenheit zu ergreifen und auszunutzen, denn andre werden ihm stets zuvorkommen.

Lord Nelson sagte: „Meinen ganzen Erfolg im Leben verdankte ich dem Umstand, dass ich meiner Zeit stets eine Viertelstunde voraus war."

„Pünktlichkeit ist die Höflichkeit der Könige, Pflicht aller gebildeten Menschen, ein Muss für Geschäftsleute."

27. WIE MAN MENSCHEN ANZIEHT

„Wie sehr wünschte ich, dass es mir gegeben wäre, mir leicht Freunde zu machen, den Menschen zu gefallen und sie anzuziehen." Diesen Wunsch haben viele einsame und mutlose Menschen, die fühlen, dass sie durch Verschlossenheit sich um viele einfache Lebensfreude bringen, wie sie im Umgang mit andern Menschen liegt. Aber sie wissen nicht, wie leicht sie die Erfüllung dieses Wunsches herbeiführen könnten, und zwar ganz aus eigener Kraft, ohne jede fremde Hilfe.

Die Hindernisse mögen groß sein, die sich dir in den Weg stellen, sie mögen vielleicht sogar in deiner äußeren Erscheinung liegen, aber du kannst in deinem Gesicht so viel Charakter, Liebe, Güte und Licht ausdrücken, dass sich die Menschen ganz unbewusst zu dir hingezogen fühlen. Freilich, eines gehört dazu, dass diese Eigenschaften auf deinem Antlitz sichtbar werden: du musst sie wirklich besitzen.

Wer ein wirklich angenehmes, anziehendes Wesen an sich hat, der ist überall gern gesehen und hat viel mehr Aussicht vorwärts zu kommen, als andre, die vielleicht viel mehr Geld haben, aber dafür ganz und gar nicht anziehend sind.

Du kannst dich selbst zu einem Magneten machen, der alle Menschen und Dinge zu sich heranzieht, wenn dein Wesen Liebe, Wohlwollen und Hilfsbereitschaft gegen jedermann ausdrückt. Den Selbstsüchtigen, dem man seine Selbstsucht anmerkt, liebt kein Mensch.

Wenn du Freunde gewinnen willst, so musst du offenherzig und weitherzig sein. Du musst lernen, andern Angenehmes zu sagen, indem du das Gute in ihnen siehst und nicht, wie so viele, bloß Augen hast für ihre Fehler. Hüte dich vor Menschen, die fortwährend andre herabsetzen, tadeln und kritisieren oder geheimnisvolle Andeutungen machen, es sei doch nicht so ganz richtig mit dem und dem. Solche Menschen sind geradezu gemeingefährlich und verdienen nicht das geringste Vertrauen.

Ein Mensch, der andre immerfort herabsetzt, ist innerlich ungesund und beschränkt, er kann das Gute gar nicht mehr sehen, und wenn er es je einmal nicht leugnen kann, dann wird er noch versuchen, es mit allerlei „Wenn" und „Aber" zu verdunkeln. Ein gesunder und natürlicher Mensch dagegen sieht das Gute an andern viel eher als das Schlechte.

Der beste Weg, die Menschen anzuziehen, besteht darin, dass man ihnen zeigt, man nimmt Anteil an ihnen. Aber natürlich darf man diesen Anteil nicht bloß heucheln, ja man darf ihn nicht einmal bloß zu dem Zweck empfinden, um die Menschen anzuziehen, sondern man muss ihn wirklich fühlen und empfinden.

Manche Menschen haben deshalb keine Freunde, weil sie immer ganz von ihren eigenen Angelegenheiten erfüllt sind und gar keinen Anteil mehr an etwas andrem nehmen können.

Ich kenne einen Menschen – es gibt unzählige seinesgleichen – der begreift nicht, warum die Leute ihm immer ausweichen. Wenn andre lustig plaudern und lachen, so steht er schweigend in einer Ecke, und wenn er je einmal zu andern tritt, so scheint es, als ob eine abstoßende Kraft von ihm ausginge und ihn schleunigst wieder in seine einsame Ecke zurücktreibe. Man lädt ihn so selten als möglich ein, denn er wirkt in der Gesellschaft wie ein Eiszapfen: kalt und erkältend.

Wie gesagt, der Mann kann es sich nicht erklären, warum er so unbeliebt ist. Er arbeitet mit Geschick und Eifer in seinem Fach und wenn er fertig ist, geht er gerne zur Erholung in Gesellschaft. Aber er findet dort nicht das Vergnügen, das er sucht, und grämt sich darüber, dass man ihm ausweicht und andre mit offenen Armen empfängt, die nicht halb so tüchtig sind wie er.

Er hat eben keine Ahnung davon, dass die Ursache seiner Unbeliebtheit in seiner Selbstsucht liegt. Er denkt bloß an sich: er kann sich und seine Angelegenheiten nicht so lange vergessen, als nötig ist, um auch einmal an andern Menschen Anteil zu nehmen. So oft man mit ihm reden will – immer kommt er auf sich und seine eigenen Angelegenheiten zurück.

Solange ein Mensch kalt und verschlossen ist und nur an sich denkt, solange hat er keine Anziehungskraft für andre: man weicht ihm aus, niemand hat ihn gern und sucht ihn freiwillig auf. Sobald er aber an andern wirklichen Anteil nimmt und das auch zeigt, so wird er im wahrsten Sinn des Wortes „anziehend“: er zieht die Menschen an genau in dem Verhältnis als er an ihrem Wesen teilnimmt. Sobald er sich auch in andre versetzen kann und nicht bloß immerfort von sich selber und von seinen eigenen Angelegenheiten redet, nehmen auch die andern Anteil an ihm.

Es kommt im Leben nicht vor allem andern darauf an, dass man reich wird an Geld, sondern dass man reich wird an innerer Kraft und an Schönheit des eigenen Wesens. Dadurch machen wir uns auch anziehend für andre. Denn um andre anzuziehen, muss man liebenswerte Eigenschaften besitzen.

Selbstsüchtige, widerwärtige, engherzige, eifersüchtige, neidische, gemeine Menschen sind nirgends beliebt: ja man kann beobachten, dass sogar die Hunde gegen solche Leute nicht zutulich sind.

Mancher junge Mensch beneidet seine reichen Altersgenossen, die nicht so zu kämpfen brauchen, wie er: aber oft besitzt er dafür in seinem Wesen, in seiner Persönlichkeit einen Reichtum, der viel mehr wert ist, als das Geld des andern.

Der Ehrgeiz, bei den Menschen beliebt zu sein, wenn er wirklich rein und echt ist, ist nichts andres als der Ehrgeiz, edel und charaktervoll zu sein, denn diese Eigenschaften sind es eben, die dir die Liebe und Achtung andrer erwerben.

28. DIE KUNST, GUT ZU SPRECHEN

Charles W. Eliot sagte einmal als Vorsteher der Harvard-Universität, er lasse bei Männern und Frauen nur eine einzige geistige Errungenschaft als wirklich wesentliches Stück der Bildung gelten, nämlich die Fähigkeit, seine Muttersprache richtig und schön zu sprechen.

Wer ein guter Unterhalter ist, wer die Teilnahme und die Aufmerksamkeit der Menschen durch seine Überlegenheit im Gespräch für sich gewinnen kann, der besitzt eine große und fast allem übrigen überlegene Kunst. Er kann damit nicht bloß auf Leute, die ihm fremd sind, einen günstigen Eindruck machen, sondern er versteht es auch, sich Freunde zu erwerben und sie festzuhalten. Diese Kunst öffnet alle Türen und gewinnt alle Herzen, sie macht uns zum Mittelpunkt jeder Gesellschaft und hilft uns in der Welt voran, denn sie führt dem Rechtsanwalt Ratsuchende, dem Arzt Kranke, dem Kaufmann Kunden zu.

Wer die Kunst der Unterhaltung versteht, ist in jeder Gesellschaft gern gesehen. Frau Soundso wird überall eingeladen, bloß weil sie so hübsch plaudern kann. Sie unterhält alle Leute und so sieht man über manche Schwächen bei ihr weg und sie ist allgemein beliebt.

Wir sind meist nur deshalb so schwach in dieser Kunst, weil wir sie nicht üben und uns keine Mühe geben, sie zu lernen. Wir lesen und denken nicht genug. Wir sprechen nachlässig, ohne die Worte richtig zu wählen, weil das natürlich sehr viel bequemer ist, als es sich vorher ein bisschen zu überlegen und auf hübschen, leichten und doch kräftigen Ausdruck zu achten.

Es gibt unzählige junge Leute, die ihre Altersgenossen beneiden, weil diese schneller vorwärtskommen als sie; aber sie selber verschwenden ihre kostbaren Abende und freien Nachmittage aufs schnödeste, indem sie lauter hohles, nichtsnutziges und sinnloses Zeug schwatzen, das nicht einmal witzig ist, sondern bloß einfältig und töricht, und das sie in jeder Beziehung herunterbringt, weil es sie zu oberflächlichem Denken verleitet.

Nirgends offenbarst du schneller, ob du feine Bildung und Erziehung besitzt oder nicht, als in deiner Unterhaltung; sie erzählt die ganze Geschichte deines Lebens. Was du sagst und wie du es sagst – damit verrätst du alle deine Geheimnisse und gibst den Menschen den rechten Maßstab zu deiner Beurteilung.

Wie mancher verdankt seine rasche Beförderung zu einer guten Stellung der Kunst gut zu sprechen, denn mit nichts kann man einen so guten Eindruck beim ersten Zusammensein auf andre machen. Vollends heute, wo es in so vielen Stellungen geradezu nötig ist, dass man gut reden kann, wo in Selbstverwaltung und Volksvertretung so viel auf Reden ankommt, müsste diese Kunst viel mehr gepflegt werden.

Dazu muss man aber einige innerliche Eigenschaften haben, ohne die es nicht geht: Lebhaftigkeit, Unbefangenheit, Mitempfinden mit andern und Wohlwollen für sie. Man kann die Aufmerksamkeit andrer Menschen nur gewinnen, wenn man sie interessiert, und man interessiert sie am stärksten, wenn man sich für sie interessiert und an ihren Bestrebungen aufrechten Anteil nimmt.

Wenn ihrs nicht fühlt, ihr werdets nicht erjagen,
wenn es nicht aus der Seele dringt
und mit urkräftigem Behagen
die Herzen aller Hörer zwingt.

Das kommt auch deinem Verstand und deinem Charakter zugute, denn wer sich bemüht, seine Gedanken immer klar und einfach auszudrücken, der wird selbst klar und einfach. Wenn du gut sprechen willst, so musst du dich soviel als möglich in gebildeter Gesellschaft bewegen. Wenn du dich abschließt, so wirst du es bei aller Gelehrsamkeit nie lernen, dich gefällig und wirksam auszudrücken.

Wir haben gewiss alle aufrichtiges Mitgefühl für Menschen, die zaghaft und schüchtern sind und denen man die Anstrengung ansieht, die es sie kostet, etwas sagen zu sollen, das sie nicht herausbringen.

Wenn du auch die Empfindung hast, dass deine Gedanken beim Versuch, sie auszudrücken, sich verwirren oder entschwinden, wenn du zu stammeln beginnst beim Suchen nach Worten – eins ist sicher: jeder ernstliche Versuch, auch wenn er selber misslingt, wird dir den Weg fürs nächste Mal leichter machen. Wenn du nur nicht nachlässt, so wirst du zu deiner eigenen Verwunderung erleben, wie schnell du deine Schüchternheit und Befangenheit überwindest und dich leicht und bequem ausdrücken lernst. Mancher hat wohl gute Gedanken, aber er kann sie nicht gut ausdrücken, weil sein Wortschatz zu arm ist, um sie in richtige und anziehende Form zu kleiden. Er redet immer um die Sache herum und wiederholt sich unaufhörlich, weil er das Wort nicht findet, das seine Meinung bestimmt und genau ausdrückt. Das Lesen guter Bücher hat nicht bloß den Wert, dass es unsern Geist erweitert und uns neue Gedanken mitteilt, sondern es macht auch unsern Wortschatz reicher, und das ist ein großer Vorteil für die Unterhaltung.

29. GUTER UMGANG

Kein Mensch lebt in Wirklichkeit allein. Er ist ein Zweig des großen Weinstocks, zu dem wir alle gehören, und durch den ihm das Herzblut der Menschheit zugeführt wird. Sobald er sich vom Mutterstamm löst, beginnt er zu welken und zu verkümmern. Wie sehr er sich auch bemühen mag, als Einzelwesen weiterzuwachsen, es wird ihm doch nicht recht gelingen, sein Wachstum bleibt künstlich und unnatürlich.

Süß und saftig, schön an Form und Farbe wird die Traube nur am Weinstock. Sobald sie abgeschnitten wird, hört ihr Wachstum auf, sie schrumpft zusammen, verkümmert.

Die Kraft eines Menschen beruht zum großen Teil auf dem, was er aus andern zieht, und je zahlreicher seine gesellschaftlichen, geistigen und sittlichen Berührungspunkte mit andern sind, desto kräftiger wird er; immer schwächer dagegen wird er, je mehr er sich von andern abschließt.

Wie in seiner körperlichen, so ist der Mensch auch in seiner geistigen Nahrung auf Abwechslung und Mannigfaltigkeit angewiesen, und die kann er nur haben im

Umgang mit vielen und verschiedenen Menschen.

Wer hat es nicht schon an sich selbst erfahren, dass seine Kräfte sich vervielfachen, sein Geist sich schärft und alle seine Fähigkeiten sich steigern, wenn er mit einer starken Persönlichkeit in Berührung kommt, die verborgene und ungeahnte Kräfte in ihm hat wach werden lassen, so dass er jetzt Dinge sagen und tun kann, die ihm unmöglich gewesen wären, so lange er allein war. Die Kraft, mit der der Redner auf seine Zuhörer wirkt, hat er zum Teil erst von ihnen erhalten; aber von den Einzelnen, so lange sie getrennt waren, hätte er sie nicht erhalten können, so wenig wie der Chemiker Wirkungen seiner Stoffe erhält, wenn sie in einzelnen Flaschen auf seinem Arbeitstisch stehen; erst die Berührung, erst das Zusammensein schafft und entwickelt die neuen, bisher verborgenen Kraftwirkungen.

Wer mit Menschen zusammenkommt, ist immer auf einer Entdeckungsfahrt und entdeckt neue Länder – aber in sich selber, die er ohne diese Verbindung niemals gefunden hätte. Jeder, dem er begegnet, hat ein Geheimnis für ihn, das nur er ihm entlocken kann, das ihn aber reich macht, wenn er es entdeckt. Niemand findet alles allein, was in ihm liegt. Andre müssen es ihm suchen helfen.

Wir denken viel zu wenig daran, dass ein großer Teil dessen, was wir leisten, eigentlich das Werk andrer Menschen ist, die uns zu dieser Leistung erst befähigen, indem von ihnen Zuversicht und Ermutigung auf uns überstrahlt und uns geistig stärkt und hebt.

Wir wachsen am meisten durch das, was unsre Seele überall aufnimmt, und was wir mit unsern Sinnen nicht genau wägen und bemessen können. Ja, Auge und Ohr nehmen Dinge auf, die den Seh- oder Hörnerv nicht in Schwingungen versetzen. Das Größte, was von einem vollendeten Kunstwerk in unser Inneres dringt, das ist nicht bloß Farbe, oder Form, oder Klang, sondern etwas, das hinter all dem steht, die Seele des Künstlers selbst, die Kraft, die in seiner Persönlichkeit steckt und die selber wieder in der Summe dessen beschlossen liegt, was er geerbt und erlebt hat.

Der Wert der Hochschule liegt für die Studenten zum größten Teil in dem geselligen Verkehr, in dem die Charaktere sich gegenseitig stärken und stützen. Durch Reibung werden die geistigen Fähigkeiten geschärft und geschliffen, und im geistigen Wettkampf erwacht der Ehrgeiz, werden die Ideale erhöht und dem inneren Auge neue Hoffnungen und Möglichkeiten erschlossen. Das Wissen, das wir aus Büchern schöpfen, hat gewiss seinen Wert, aber das, was uns durch geistigen Austausch mit andern zuströmt, kann es uns nicht ersetzen.

Es kommt nicht darauf an, wie große deine Kenntnisse oder Fertigkeiten sind, dein Leben wird doch kalt, freudlos und einsam und du selbst wirst ohne Anziehungskraft bleiben, so lange du dich nicht eng an andre Menschen anschließt, ihnen mit wirklicher Teilnahme entgegenkommst und versuchst, ihre Leiden und Freuden zu teilen und ihnen hilfreich zur Seite zu stehen.

Suche vor allem nach Menschen, die dir recht weit überlegen sind – nicht etwa im Besitz von Geld, sondern an Bildung und Charakter, damit du möglichst viel von ihnen lernen kannst. Das wird dich mehr als alles andre emporziehen, deine Ideale erhöhen und dich danach streben lassen, dich selbst zu einer solchen Persönlichkeit zu entwickeln.

Eine starke fernwirkende Kraft wirkt zwischen Gehirn und Gehirn, zwischen Seele und Seele. Wir können sie noch nicht messen, aber wir empfinden allmählich, wie viel sie, aufbauend oder zerstörend, leistet. Kommen wir daher ständig mit Menschen zusammen, die unter uns stehen, so werden sie uns allmählich herunterziehen und unsre Ideale und unser Streben schwächen.

Es ist immer ein Fehler, wenn man eine Gelegenheit versäumt, mit andern zusammenzukommen, besonders mit solchen, die innerlich reifer sind als wir, denn wir können immer einen Gewinn davontragen, und wenn es nur der ist, dass unsre rauen Ecken und Kanten abgeschliffen werden und wir für den Verkehr mit andern umgänglicher und anziehender werden.

Die Möglichkeit, mit Menschen zusammenzukommen, die das Beste anstatt des Schlechten aus uns herausholen, ist viel, viel wertvoller für uns als die beste Gelegenheit, Geld zu verdienen, denn unsre Kraft zum Guten wird dadurch hundertfach verstärkt.

Geschäftsleben

30. JEDEN TAG EIN STÜCKCHEN BESSER MACHEN

Auch das reinste Wasser wird schlecht, wenn es lange steht; auch das bestgeleitete Geschäft geht zurück, wenn der Eigentümer nicht beständig auf der Wacht steht und sich nach besseren Verfahrensweisen und neuen Einrichtungen umsieht.

Es ist das Kennzeichen eines fortschreitenden Menschen, dass er immer bemüht ist, irgendwo und irgendetwas bei sich zu verbessern. Er hat eine wahre Furcht davor, dass es möglicherweise irgendwo bei ihm schlechter werde, und kennt die niederziehende Macht, die jede Gemeinschaft mit Minderwertigem ausübt.

Niemand darf sich damit begnügen, dass er sein Geschäft auf eine gewisse Höhe gebracht hat, sondern er muss immer über diesen Punkt hinaus streben. Der Augenblick, in dem er zu der Überzeugung gelangt, jetzt sei nichts mehr zu verbessern, ist der Anfang des Niedergangs.

Du musst jeden Morgen mit dem Entschluss aufstehen, dass heute irgendetwas besser werden muss im Vergleich zu gestern, und du darfst am Abend nicht anders aus dem Geschäft gehen, als mit der Überzeugung, dass heute wirklich irgendetwas besser geworden ist. Irgendwo und irgendwas lässt sich immer verbessern. Schlage deine Pfähle jeden Tag etwas weiter weg oder etwas höher droben ein und du wirst zu deiner Überraschung sehen, wie weit du in einem Jahr vorgerückt bist.

Die Gewohnheit, immer etwas zu verbessern, wirkt ansteckend, und alle, die unter dir arbeiten, werden deinem Beispiel folgen. Wenn du aber deine Leute dahin bringen kannst, dass sie freiwillig ihr Bestes leisten, dann hast du großartige Helfer bei deiner Arbeit.

Ein Mensch, von dem auf seine ganze Umgebung ein begeisternder Einfluss ausgeht, ist in jeder Weise einem andern überlegen, der seine Umgebung drunten hält oder gar hinunter drückt, indem er jedes freudige Streben durch sein Kritisieren und sein liebloses Urteilen tötet.

Wer fortschreiten will, der muss immer mit denen in Berührung bleiben, die dasselbe treiben, dasselbe Geschäft haben wie er. Er muss überall hingehen, wo er sehen kann, wie es anders oder besser gemacht wird als bei ihm, damit er auf neue Gedanken kommt und neues Blut in die Adern seines Geschäftes gebracht wird.

Ein Kaufmann in Chicago, der glänzend vorwärts kommt, sagte, dass eine Woche, auf den Besuch der großen Geschäfte verwendet, ihn sein eigenes Geschäft mit ganz andern Augen ansehen lässt. Er tut das jedes Jahr und hält es für unbedingt notwendig: das allein verhindere ihn, in ausgefahrenen Geleisen weiterzugehen und gebe ihm den richtigen Standpunkt für die Beurteilung seiner Verhältnisse. Er kommt auf neue Gedanken und bessere Betriebsformen und sagt, dass bei der Rückkehr von einer solchen Reise ihm sein Geschäft ganz anders vorkommt, als eine Woche vorher. Kleine Mängel, die er vorher gar nicht bemerkt hat, unansehnliche Fensterauslagen, Nachlässigkeiten oder Formlosigkeiten seiner Angestellten, Dinge, die ihm vorher nicht der Beachtung wert erschienen, treten ihm nun so deutlich entgegen, als ob er sie mit den Augen eines gelegentlichen Besuchers oder eines Kunden erblicke. Sein Gesichtskreis hat sich erweitert und so hat er jetzt auch für sogenannte Kleinigkeiten den richtigen Maßstab gewonnen. Dann hält er „großes Reinemachen": alle Auslagen werden von Grund auf verändert, unbrauchbare Angestellte entlassen, und eine ganz neue Luft weht durchs Geschäft. Dieses beständige Auffrischen und Erneuern hat den stärksten Einfluss auf seine Leute.

Es ist geradezu erstaunlich, wie blind man gegen die Mängel der eigenen Einrichtungen wird, wenn man nie etwas andres sieht. Nur dadurch kann man einen klaren Blick dafür bekommen, wenn man neues Licht auf die Dinge fallen lässt, indem man sieht, wie andre es machen.

Wie das Blut im menschlichen Körper sich beständig erneuert, und nur so der Körper stark und lebenskräftig bleibt, so muss auch ein Geschäft auf der Höhe erhalten werden, indem neue Gedanken und verbesserte Betriebsformen eingeführt werden.

Wenig Menschen sind sich klar darüber, wie wichtig der erste Eindruck ist, den die Kunden vom Geschäft empfangen, und ebenso wenige können ihre Verhältnisse mit dem unvoreingenommenen Blick eines fremden Beurteilers betrachten.

Wer immer in derselben Umgebung bleibt, der verfällt sicher bald dem Schlendrian: er gewöhnt sich so an die bestehenden Formen, dass kleine Abweichungen von dem guten Weg, auf dem er angefangen hat, ganz unbemerkt bleiben, bis man zu spät erkennt, wie weit man heruntergekommen ist.

Der Fehler, den die meisten machen, besteht darin, dass sie meinen, das ganze Geschäft müsste auf einmal von Grund auf erneuert werden. Sie kennen die Wirkungen nicht, die erreicht werden, wenn man immerfort irgendwo etwas verbessert: fortwährende kleine Verbesserungen bringen viel weiter, als krampfhafte Ansätze zu großen Umwälzungen.

Hänge in deinem Geschäftszimmer den Spruch auf und lies ihn jeden Morgen: „Wo kann ich heute etwas im Geschäft verbessern?“

31. DIE RECHTE AUFFASSUNG UNSRER ARBEIT

Die Stimmung, mit der ein Mensch seine Arbeit tut, ist der beste Gradmesser für seinen Wert. Wenn er nur mit Murren und Seufzen an ihr bleibt, wie der Sklave unter der Peitsche, wenn er nur das Beschwerliche an ihr empfindet, wenn Begeisterung und Liebe ihn nicht über alles Niedrige an ihr hinausheben und ihn mit Freude an seinem Werk erfüllen, dann wird er niemals eine Rolle in der Welt spielen können.

Die Stimmung, mit der ein Mensch an seine Arbeit geht, ist von stärkstem Einfluss auf die Ergebnisse und den Wert dieser Arbeit und bestimmt ebenso die Wirkung, die sie auf ihn selber ausübt. Was einer tut, das ist ein Teil von seinem Selbst: wenn du das siehst, was ein Mann getan oder gemacht hat, so siehst du ihn selber.

Niemand kann seine Selbstachtung oder sein Selbstvertrauen bewahren, wenn er seine Arbeit nur mit halbem Herzen und mit halber Sorgfalt macht. Er kann nicht mit sich selber zufrieden sein, wenn er nicht immer und überall sein Bestes gibt. Aber er kann nicht sein Bestes geben, wenn er seine Arbeit als bloße Mühe und Beschwerlichkeit ansieht.

Es gibt viele Menschen, die zu wenig Achtung vor ihrer Arbeit haben. Sie sehen sie nur als eine unangenehme Notwendigkeit an, um sich ihren Lebensunterhalt zu erwerben, als unvermeidliche Mühe, statt in ihr die große Menschenbildnerin, die hohe Schule des Lebens zur Entwicklung tüchtigen Menschentums zu erkennen.

Sie fühlen nicht die göttliche Hand, wenn sie den Sporn der Notwendigkeit spüren, der den Menschen treibt, aus dem, was in ihm angelegt ist, das Beste zu entwickeln, durch den Kampf mit Widerständen seine Fähigkeiten auszubilden und die Feinde seines Glücks und Wohlseins zu überwinden.

Sie sehen nicht den Fluch, der auf dem Geld liegt, das uns unverdient zufällt. Die Arbeit erscheint ihnen als bloße Mühe, als Übel ohne allen Wert.

Unter keinen Umständen darfst du deine Arbeit bloß als Last empfinden. Nichts bringt dich schneller herunter. Es kann natürlich vorkommen, dass du durch äußere Umstände genötigt wirst, eine Arbeit zu übernehmen, die dir höchst unangenehm ist; aber dann zwinge dich, sie so zu tun, dass du innerlichen Anteil an ihr nimmst und etwas dabei lernst. Alles was nötig ist, das ist auch wichtig und merkwürdig. Es kommt bloß auf deine innere Stellung an, ob dir eine Arbeit interessant und lehrreich ist.

Wenn dir deine Arbeit unangenehm ist, so darfst du sicher sein, dass jeder widerstrebende Gedanke, jede unangenehme Empfindung, die du dabei hast, dich mit einem Dunstkreis umgeben, der den Misserfolg herbeizieht. Der Magnet, der Erfolg und Glück anzieht, muss mit positiver, begeisterter und froher Kraft geladen sein.

Wenn du als Künstler, nicht als Handwerker an deine Arbeit herantrittst, wenn du brennenden Eifer und alles überwindende Begeisterung mitbringst, wenn du entschlossen bist, das Beste, was in dir ist, auch in jede Arbeit zu legen, die du tust, dann wirst du nie das Gefühl haben, dass deine Arbeit niedrig ist. Alles hängt von dem Geist ab, in dem wir eine Sache tun.

In jeder Arbeit, die du wirklich achtest, liegt Würde: keine Arbeit ist niedrig, die zum Besten der Menschheit geschieht. Dein Lebenswerk ist wie eine Bildsäule: jede Arbeit, die du tust, auch die kleinste und unbedeutendste, ist ein Meißelschlag, der sie verschönert oder beschädigt. Wenn du dich gewöhnst, immer dein Bestes zu leisten, so gehörst du zu denen, die Erfolg haben.

Wer noch nicht gelernt hat, seiner Arbeit alles Niedere und bloß Beschwerliche zu nehmen, indem er mit ganzem Herzen bei der Sache ist, der hat noch nicht die Anfangsgründe der Kunst gelernt, wie man erfolgreich und glücklich wird. Man kann die allergewöhnlichste Arbeit adeln durch den Sinn, den man in sie legt. Wir können uns aber selbst nicht achten, wenn wir nicht ehrliche Arbeit tun und nicht unser Bestes hineinlegen.

Geh an alles, was du tust, mit dem stillen, aber festen Entschluss heran, dass du auf jeden Fall und unter allen Umständen deinen Mann stellen willst und dass deine Arbeit der Ausdruck des Höchsten und Besten sein soll, das in dir liegt.

32. DER BESTE NEBENVERDIENST

Wenn ich in der Lage wäre, einem jungen Mann, der ins Leben hinaustritt, einen guten Rat zu geben, mich aber auf einen einzigen beschränken müsste, so würde ich ihm folgendes sagen: „Denke nicht in erster Linie an die Höhe der Summe, die dein Anfangsgehalt beträgt, sondern denke an den Nebenverdienst, den du dir erwerben kannst, wenn du zunimmst an Geschicklichkeit, Erfahrung und innerem Wert."

Was dir der Geschäftsführer an Arbeit aufträgt, ist nur der Rohstoff, an dem du deinen Charakter und deine Stärke ausbilden sollst. Es ist die Schule, in die dich das Leben nimmt und in der du deine Fähigkeiten üben und deinen Geist reifer und stärker werden lassen kannst. Es ist aber nicht bloß eine Mühle, auf der so und so viel Dollar und Cent gemahlen werden.

Wer bloß für sein Gehalt arbeitet und gar keinen höheren Antrieb kennt, der ist ein Betrüger, und zwar betrügt er sich selber am meisten dabei. Er arbeitet gleichgültig und ohne inneren Anteil und bringt sich so um die besten Früchte seiner Arbeit. Denn je besser du deine Arbeit machst, desto besser wirst du selber. Wenn du dich daran gewöhnst, von dir selber stets das Beste zu verlangen, das du leisten kannst, und nie mit weniger zufrieden zu sein, gleichviel wie groß die Bezahlung ist, dann allein hast du den wahren Erfolg von deiner Arbeit.

Treue Arbeit, rechte Gesinnung und vornehme Gedanken dabei bringen dir so großen Gewinn, dass alles, was dir der Geschäftsinhaber bezahlt, daneben verschwindet. Er zahlt dir so und so viel Dollar: du belohnst dich selber mit wertvoller Erfahrung, guter Ausbildung und gesteigerter Leistungsfähigkeit, mit der besten Selbsterziehung, die es gibt und mit der feinsten Erziehung deines Charakters. Wie ärmlich und verblendet erscheint ein junger Mensch, der all diese wertvollen Errungenschaften übersieht und bloß Augen für das Geld hat, das er mit seiner Arbeit verdient.

Wie oft sehen wir junge Leute, die vielleicht jahrelang für kleines Gehalt gearbeitet haben, plötzlich, wie durch Zauber, zu hohen und verantwortlichen Stellungen emporschnellen. Der Grund ist einfach der: sie haben neben dem geringen Geldlohn so viel an Arbeitstüchtigkeit, Begeisterung, Willenskraft und Kenntnis gewonnen, dass man sie jetzt zu allem brauchen kann.

Mancher junge Angestellte, der glaubt, er bekomme nicht so viel Gehalt wie er eigentlich verdiene, will mit dem Geschäftsführer „quitt" werden, wie man sagt, und verschwendet nun geflissentlich den viel größeren und reicheren Gewinn, den er, abgesehen von seinem Lohn, aus seiner Arbeit ziehen könnte. Er drückt sich so viel er kann und arbeitet so wenig er kann, bringt sich so um den besten Erfolg seiner Arbeit und statt zu wachsen und größer und besser zu werden, wird er immer kleiner, unbrauchbarer und unfähiger: alles was ihn vielleicht zu einem vorzüglichen Arbeiter gemacht, ihn in eine leitende Stellung gebracht hätte und wodurch er jedenfalls ein ganzer und voller Mensch geworden wäre, bleibt jetzt unentwickelt und er verdirbt sich sein Leben selber.

Wenn du eine Stellung bekommst, so denke, du arbeitest in erster Linie für dich selber. Nimm so viel Gehalt wie möglich, aber vergiss nicht, dass das nur einen geringen Teil deines Gewinns bildet. Du hast jetzt Gelegenheit, das Geschäft, in dem du arbeitest, recht gründlich von innen heraus kennen zu lernen, den Männern näher zu kommen, die darin etwas Tüchtiges leisten, mit Augen und Ohren bei jedem Schritt, den du tust, überreiche Kenntnisse aufzunehmen, die dir selber für die Zukunft unschätzbar viel wert sind.

Sei entschlossen, so erfinderisch und anstellig zu sein wie du nur kannst, selber neue und bessere Wege zu finden und vorzuschlagen, mit dem größten Eifer zu arbeiten – so kann es nicht fehlen, dass du bald genug die Aufmerksamkeit deiner Vorgesetzten auf dich lenkst.

33. PLANMÄßIGE ARBEIT

In manchen kleineren Geschäftsbetrieben, die nie über Mittelmäßiges hinausgekommen sind, müssen die höchsten Angestellten die einlaufende Post öffnen, Briefe sortieren, Rundschreiben versenden und alle möglichen Arbeiten verrichten, die gerade so gut von untergeordneten Arbeitskräften besorgt werden könnten. In dem ganzen Betrieb hat man den Eindruck, dass die Kräfte falsch verteilt sind, dass keiner am rechten Platz steht – und das alles nur aus Mangel an planmäßiger Leitung.

Die wenigsten Geschäftsleute überlegen sich recht, wie sie die Zeit und Kräfte ihrer Angestellten am besten verwerten. Die meisten können sich nicht in andre versetzen und verstehen es nicht, die Leistungen derer, die mit ihnen arbeiten, durch Planmäßigkeit zu vervielfachen.

Geschäftsleute, die nicht planmäßig arbeiten, vergeuden unschätzbare Zeit und Kraft. Sie wissen nie recht, was eigentlich zu tun wäre. Sie geben Bestellungen zweimal auf, kaufen zu viel oder zu wenig ein, und ihr Warenlager steht nie auf der Höhe der Zeit. Der Stil ihrer Ware ist veraltet, weil sie nie gründlich damit aufräumen und sich nie neu einrichten. Alles ist in einem wüsten Durcheinander.

Ein Bücherrevisor führt „Mangel an planmäßiger Arbeit“ als Hauptgrund für Tausende von geschäftlichen Zusammenbrüchen an.

Leute, denen es an Planmäßigkeit fehlt und die doch ein ausgedehntes Geschäft leiten wollen, verlangen ständig nach mehr Hilfskräften. Sie meinen, wenn sie nur genug Leute um sich hätten, könnten sie schon Bedeutendes leisten. Was ihnen aber fehlt, ist nicht mehr Hilfe, sondern größere Übersichtlichkeit und Ordnung. Sie vergeuden eine Unsumme von körperlicher und geistiger Kraft dadurch, dass sie alles, was sie tun, falsch angreifen, dass sie in ihren Entschlüssen hin und her schwanken, ohne Plan und Übersicht, kurz, in unvorteilhaftester Weise arbeiten.

Schlecht geleitete, planlose Arbeit legt jeden Geschäftsbetrieb lahm, während bei sorgfältiger Überlegung, einfachen, durchgreifenden Anordnungen sich auch mit bescheidenen Mitteln die schönsten Erfolge erzielen lassen.

Ich denke da an einen Mann, der stets in der größten Hetze ist, zu welcher Tageszeit man ihn auch aufsucht. Er hat immer nur „einen Augenblick Zeit“, und wenn man einmal etwas länger mit ihm reden möchte, zieht er sofort seine Uhr aus der Tasche und erinnert daran, dass seine Zeit sehr kostbar ist. Er leistet zwar viel, aber mit ungeheurem Aufwand von Zeit und Kraft. Er hat keine Ahnung von richtiger Arbeitseinteilung und sucht diesem Mangel dadurch abzuhelfen, dass er immer mehr Hilfskräfte heranzieht. Es fehlt ihm an Übersicht und Ordnung und an der Fähigkeit, sich die Dinge vom Hals zu schaffen.

Die Folge davon ist, dass er in Plunder fast erstickt. Sein Schreibtisch und sein Laden sehen aus wie ein Trödlerladen. Er hat immer soviel zu tun, dass ihm keine Zeit bleibt, aufzuräumen, und selbst wenn er Zeit hätte, wüsste er doch nicht, wohin mit dem Zeug. Ich bin oft in seinem Geschäft gewesen, und fast jedesmal durchstöberte er gerade verzweifelt den Wust auf seinem Schreibtisch, wo ganze Stöße von Briefen und Papieren noch an der Stelle lagen, wo er sie einmal aus der Hand gelegt hatte.

Dieser Mann hat seine Geschäfte nicht richtig in der Hand, weder die eigenen, noch die seiner Leute, und doch hetzt er ständig hinter ihnen her, hält ihnen vor, alles sei im Rückstand, und sie müssten weit mehr leisten. Überall herrscht die größte Verwirrung. Niemand scheint zu wissen, was er zu tun hat. Fragt ihn einer danach, herrscht er ihn nur an, er solle voranmachen, er sei sehr zurück mit seiner Arbeit. Er kann keine bestimmten, klaren Anweisungen geben. Er macht sich nie einen Plan, fängt jeden Tag gleich ziellos an, und jedermann tut, was ihm gefällt, während der Geschäftsleiter sie alle herumhetzt.

Ich kenne auch einen seiner nahen Konkurrenten, der aber grundverschieden von ihm ist und es nie eilig zu haben scheint. Er bleibt immer kühl und ruhig und lässt sich durch nichts aus dem Gleichgewicht bringen. Seine Geschäfte mögen noch so dringend sein, er hat immer Zeit, höflich auf andrer Wünsche einzugehen und lässt sich seine Eile nie anmerken. Auch in seinem Lager und im ganzen Geschäft geht es ruhig zu. Niemand scheint in Hetze zu sein, und doch schreitet die Arbeit stetig voran. Nirgends herrscht Verwirrung, keiner arbeitet dem andern entgegen, keine Arbeit wird aus Versehen zweimal getan.

Jeden Abend räumt er seinen Schreibtisch auf. Kein wichtiger Brief bleibt unbeantwortet, jeder Auftrag wird umgehend erledigt. So bringt er viel mehr zustande als der andre, und doch macht er, wenn man ihn sieht, nicht den Eindruck, als leiste er besonders viel. Es geht alles wie ein Uhrwerk, und ganz allein darum, weil der Mann mit dem Kopf arbeitet. Er vervielfältigt sich in seinen Leuten, überträgt seine Gedanken auf das ganze Geschäft, so dass sich jeder Gehilfe, ja sogar jeder Diener als ein Teil des großen Ganzen fühlen muss. Jeder arbeitet nach einem bestimmten Plan, und das Hetzen und Jagen, das den andern beständig in Atem hält, ist hier völlig ausgeschaltet.

Nicht durch lauter Kleinigkeiten zerstreut, in den Arbeitsräumen keine Vergeudung und im Lager kein Durcheinander duldend, bietet der ordnungsliebende Geschäftsmann ein Bild der Kraft und Fähigkeit, eines ausgeglichenen, heiteren Wesens, kurz eines Mannes, der mit seiner Kraft haushält. Er ist nicht fortwährend über irgendetwas aufgebracht und gerät nicht wegen jeder Kleinigkeit aus der Fassung.

Der Mann, der am planmäßigsten arbeitet, hat am meisten Zeit. Sein Erfolg hängt nicht davon ab, dass er in jedem Augenblick selbst am Ruder steht. Er hat gelernt, sich zu verdoppeln und seine Gedanken auf andre zu übertragen, die sie nach seinem Plan ausführen.

Die heutige Zeit gehört den Denkern, den klaren Köpfen. Wer eine Sache gründlich und planmäßig entwerfen und dann auch mit den nötigen Fähigkeiten ausführen kann, der erreicht etwas. Leute mit unklarem Kopf und zerfahrener Arbeitsweise haben heutzutage wenig Aussichten. Was uns bei jeder Arbeit not tut, das ist ein streng durchdachter Plan, an den wir uns halten, ohne vom einen zum andern zu schwanken und so unsre eigene Mühe zunichte zu machen.

34. ZUR SACHE!

Als ich vor kurzem ein großes Geschäftshaus betrat, fielen mir folgende Worte in die Augen: „Zur Sache! Wir müssen unsern Lebensunterhalt verdienen und haben unsre Zeit bitter nötig."

Ein derartiger Anschlag zeigt zweierlei: wie ungeheuer wertvoll in unsrer Zeit eine möglichst schnelle Erledigung der Geschäfte ist, und dass es doch noch überall Menschen gibt, deren einziger sichtbarer Zweck zu sein scheint, dies zu verhindern. Die Tage des umständlichen, lästigen Schwätzers sind vorüber, und solche Anschläge sind die höflichste Art und Weise, diese Zeitverschwender auf das aufmerksam zu machen, was man ihnen geradeaus nicht sagen könnte, ohne sie zu beleidigen.

Der Geschäftsmann, der einen Besuch in geschäftlichen Angelegenheiten dadurch einleitet, dass er sich faul in einen Stuhl wirft und anfängt, behaglich und planlos über alles mögliche zu reden, was ihm gerade in den Sinn kommt, der verdirbt sich heutzutage durch dieses Auftreten von vornherein jede Aussicht, mit seiner Sache erfolgreich durchzudringen. Im modernen Geschäftsleben heißt es Kommen und Gehen, Zugreifen oder Fahrenlassen. Nimmst du's nicht, nimmt's ein andrer. Darum sollte bei einer geschäftlichen Unterredung jeder Augenblick der Sache, um die es sich handelt, gehören.

Wenn es etwas gibt, das einen Geschäftsmann zur Verzweiflung bringen kann, so ist es der geschäftliche Verkehr mit Männern, die nie wissen, was sie wollen, nie zur Sache kommen und mit ewigen Einleitungen und unnützen Redensarten „wie die Katze um den Brei" gehen. Gewissen Leuten scheint tatsächlich die Fähigkeit abzugehen, geradewegs aufs Ziel loszusteuern. Wie ein Hund, der sechsmal aufsteht, um schließlich doch wieder auf dem Platz zu landen, wo er zuerst lag, ermüden diese Menschen uns durch gänzlich überflüssige Erklärungen, Einleitungen und Entschuldigungen.

Wenn mich junge Leute fragen, wie ich über ihre kaufmännische Befähigung denke, so versuche ich zuerst ausfindig zu machen, ob sie die Gabe haben, sich kurz zu fassen und klar und energisch ohne unnütze Redensarten und Umschweife zur Sache zu kommen.

Wer das nicht kann, befindet sich stets im Nachteil. Er kann noch so hart arbeiten und erreicht doch nichts. Nur der, der mit sicheren Schritten auf sein Ziel losgeht und ihm bei jedem Schritt wirklich näher kommt, der setzt sich durch.

Einer meiner Geschäftsfreunde, ein sehr erfolgreicher Mann, pflegt mich telefonisch anzurufen: kurz und bündig, ohne jede Einleitung setzt er mir seine Sache auseinander, stellt seinen Antrag, und ehe ich das Gesagte noch kaum zu Ende durchdacht habe, ruft er „Schluss“ und legt auf. Mit einem solchen Mann zu tun zu haben ist eine wahre Freude. Er wird dir nie lästig, nimmt deine Zeit nie überflüssig in Anspruch. Darum empfinde ich diesem Freund gegenüber auch stets die größte Bewunderung für seine geistige Beweglichkeit, Entschlossenheit und Tatkraft.

Diese Eigenschaften in sich selbst zu entwickeln, ist nicht schwer, wenn man nur frühzeitig anfängt und weiß, wo es einem fehlt. Man sollte sich fortwährend dazu erziehen, seine Gedanken fest auf einen Punkt zu richten und sie bei Geschäftsangelegenheiten in knappe, scharfumrissene Sätze zu bringen.

Durch nichts verrät man leichter Mangel an Sachlichkeit als durch die Form, die man seinen Geschäftsbriefen gibt. Schon der erste Satz genügt oft, um ihn bloßzulegen. Ich habe wochenlang mit Menschen über wichtige Sachen brieflich verhandelt, ihnen immer wieder dieselbe Frage gestellt und dringend um eine klare endgültige Antwort gebeten, und die Betreffenden brachten es zu meiner Verzweiflung fertig, mir diese Antwort mit unfehlbarer Sicherheit – wenn auch anscheinend nicht absichtlich – von Brief zu Brief vorzuenthalten.

Schon mancher junge Mensch hat sich eine gute Anstellung verscherzt dadurch, dass er sich in einem flüchtigen, zerfahrenen Brief um sie bewarb, und andrerseits verdankt mancher seinen Erfolg einem klaren knappen Bewerbungsschreiben. Ich habe es miterlebt, dass ein Geschäftsmann beim Durchsehen von einem ganzen

Haufen von Bewerbungen einen einzigen Brief beiseite legte, der ihm durch Sauberkeit und kurze klare Angaben einleuchtete. Mit geübtem Auge erkannte er an diesem Brief, dass sein Verfasser, obwohl er ihn nie gesehen hatte, die Gabe der Sachlichkeit besäße, während ein andrer langatmiger Brief mit seitenlangen Empfehlungen gar keinen Eindruck auf ihn machte.

Geschäftsbriefe sollten stets ein Muster von gedrängter Kürze sein und in wenigen Sätzen alles Wichtige ausdrücken. Kürze, Klarheit und Sachlichkeit kennzeichnen die Briefe erfolgreicher Geschäftsleute, die in wenigen Zeilen mehr sagen können als andre auf zwei Seiten. Nach einem einzigen Brief kann man sich oft ein klares Bild von einem Menschen machen, ohne ihn selbst gesehen zu haben.

Eine vorzügliche Übung in Geschäftsbriefen ist es, sich vorzustellen, man schriebe Überseetelegramme, bei denen jedes Wort fünfundsiebzig Cent kostet, und zu versuchen, soviel wie möglich mit möglichst wenig Worten auszudrücken. Wenn man einen Brief oder Aufsatz nach seiner Meinung so knapp wie möglich niedergeschrieben hat, gehe man ihn wieder und wieder durch, bis man jedes überflüssige Wort gestrichen und jedem Satz die denkbar kürzeste Form gegeben hat. So erzieht man sich am besten zu einer klaren folgerichtigen Ausdrucksweise und vor allem zu klarem folgerichtigen Denken. Auch in der Unterhaltung sollte man sich der größten Kürze befleißigen und sich bemühen, für den größten Gedankeninhalt die knappste Form zu finden. Fange etwa da an, wo du aufhören willst.

„Ich sah, dass es auch für mich etwas gab, worin ich mich hervortun könnte – Kürze – und ich beschloss, sie mir zu eigen zu machen“, sagt Jay. Und Goethe hat gesagt: „In der Beschränkung zeigt sich erst der Meister.“

35. NACHLÄSSIGKEIT EIN VERBRECHEN

Wer kann sich wohl eine Vorstellung davon machen, wie viele Menschen jährlich ums Leben kommen oder schwere Verletzungen davontragen, wie viel Hab und Gut jährlich zerstört wird durch Nachlässigkeit? Nur eine kleine Ungenauigkeit oder Achtlosigkeit, nur ein paar schlechte Stellen im Gusseisen – und ein ganzes Gebäude bricht zusammen, oder eine Brücke stürzt in den Fluss und begräbt unter sich einen ganzen Zug voll kostbarer Menschenleben.

Nur ein kleiner Fehler an einer Schiene, einem Rad oder irgendeinem Maschinenteilchen – und Hunderte von Menschen kommen ums Leben! Nur ein achtlos beiseite geworfenes Zündholz oder eine Zigarette – und Häuser und Stadtteile wurden ein Raub der Flammen. Wir schauen immer nach großen Dingen aus, aber gerade die kleinen, die unsrer Aufmerksamkeit entgehen, sind es, die das größte Unheil anrichten.

O, was für Tragödien spielen sich täglich bei uns ab infolge von Gleichgültigkeit, Mangel an Aufmerksamkeit, Gedankenlosigkeit und Zerstreutheit von Angestellten. Wie viele Kunden und wie viel Geld gehen den Geschäftshäusern jährlich verloren durch nachlässige Briefe, nachlässige Verpackung und nachlässige Aufschriften – lauter unnötige Versehen! Und wie viele Menschen kommen ums Leben durch die Fahrlässigkeit von Eisenbahnbeamten, Weichenstellern und Chauffeuren.

Die Geschichte der menschlichen Gesellschaft zeigt uns in zahllosen Fällen, was für schreckliche und erschütternde Folgen durch Nachlässigkeit und durch ganz unentschuldbare Versehen entstanden sind, weil so viele sich nicht daran gewöhnen können, gründlich und genau zu arbeiten.

Überall auf der Welt gewahren wir die traurigen Folgen elenden Stückwerks. Zahllose Gräber, vater- oder mutterlose Kinder – sie alle erzählen davon, dass irgendjemand nachlässig war, sich ein Versehen zuschulden kommen ließ oder nicht pünktlich gearbeitet hatte.

Die schlimmsten Verbrechen werden vom Gesetz gar nicht bestraft. Nachlässigkeit, Unpünktlichkeit, Mangel an Gründlichkeit, das sind Verbrechen an der Menschheit, die oft mehr Elend verursachen als die Missetaten, für die der Täter aus der Menschheit ausgestoßen wird. Wo eine winzige schwache Stelle oder der kleinste Fehler ein kostbares Menschenleben kosten kann, da ist Nachlässigkeit ein so großes Verbrechen wie ein überlegter Mord.

Der Leiter eines großen Chicagoer Geschäftshauses erzählte, dass er Wachen über das ganze Geschäft verteilen müsste, die nur dazu da wären, die durch Ungenauigkeit verursachten Schäden wieder gutzumachen. Ein andrer Geschäftsmann stellt fest, dass die Fahrlässigkeit ihrer Angestellten der Stadt Chicago täglich eine Million Dollar kostet, und wenn wir uns klar machen, dass in jeder Minute des Tages sich irgendjemand ein Versehen zuschulden kommen lässt, so kann uns diese Behauptung nicht wundern. Und doch würden die Schuldigen sagen, es sei lächerlich, Kleinigkeiten so aufzubauschen. Ja, aber all diese Kleinigkeiten zusammen machen ein Vermögen. Die nachlässigen Angestellten wundern sich sicher, dass sie nicht höher rücken, und wären höchlichst erstaunt, wenn man ihnen sagte, dass gerade ihre kleinen Versehen der Grund ihrer langsamen Beförderung sind.

Die Gründlichkeit ist die Zwillingsschwester der Ehrlichkeit. Wenn ein Angestellter sich den Ruf erwirbt, seine Arbeit nicht nur „leidlich gut", sondern „ausgezeichnet" zu machen, so wirkt das auf seinen Arbeitgeber stärker als große Gewandtheit und glänzende Gaben.

Ein junge Sekretär zum Beispiel, der sorgfältige Niederschrift liefert mit richtiger Orthographie und guter Interpunktion, und der imstande ist, schlechte Sätze oder hastig diktierte, grammatisch unrichtige Satzfolgen selbständig mit gesundem Menschenverstand zu verbessern, der wird nie ohne Stellung sein.

Es gibt Menschen, denen es fast unmöglich ist, irgendetwas sorgfältig und genau zu machen. Ihr ganzes geistiges Gefüge scheint schlecht in den Gelenken zu sitzen. Wenn wir diese Menschen genau betrachten, so sehen wir, dass sie weder scharf beobachten noch scharf denken. Es fehlt ihrem Geist an Ordnung und System. Wer aber im Denken nicht genau ist, kann es auch im Handeln nicht sein.

„O, das ist gut genug. Verwende nicht soviel Zeit darauf. Das können wir uns nicht leisten, Karl, wo wir doch so wenig dafür kriegen." Das rief der Besitzer eines Tapeziergeschäfts seinem neuen Laufjungen zu, der Botengänge zu machen und mit einem kleinen Handwagen Waren einzuholen und abzuliefern hatte. Sowie er aber ein paar freie Minuten hatte, erbat er sich Werkzeuge und besserte Möbel aus. Er erwarb sich bald solches Geschick darin, dass der Ladeninhaber ihm allerlei Tapezierarbeit übertrug. Das einzige, was er an ihm auszusetzen hatte, war, dass er zu genau sei, und er sagte ihm immer wieder: „Brauche doch nicht zwei Nägel, wenn einer genügt, und verschwende nicht zwei Stunden an eine Arbeit, die in einer gerade so gut fertig würde. Das können wir uns bei der schlechten Bezahlung nicht leisten."

Aber der Junge gab sich nicht zufrieden mit einer Arbeit, die „leidlich" oder „so ziemlich" ausfiel. Er bestand stets darauf, alles tadellos fertig zu machen, und gab, soweit es in seiner Macht stand, nichts aus der Hand, ehe es nicht so gut war, wie er es nur irgend machen konnte. Das war seine Handelsmarke.

Ihr verdankte er es, dass er in wenigen Jahren zu einer hohen, sehr verantwortlichen Stellung emporstieg, und dass er jetzt Hunderte von Angestellten unter sich hat.

Der Ruf, durchaus genau und gewissenhaft zu sein, ist für einen jungen Mann, der ein eigenes Geschäft gründen will, ebenso wertvoll wie ein großes Vermögen. Banken werden ihm leichter Kredit geben und Geschäfte schenken ihm eher Vertrauen, als einem nachlässigen Menschen von denselben Fähigkeiten.

Wenn alle Menschen bei jeder Arbeit ihr Gewissen zu Rate zögen und sie vollständig und tadellos ausführten, so würden nicht bloß viele Menschenleben gespart, es liefen nicht bloß tausendmal weniger verstümmelte Menschen herum, sondern wir hätten eine höher entwickelte Menschheit.

36. LÜGENGESCHÄFTE – SCHLECHTE GESCHÄFTE

Vor einiger Zeit erzählte mir der Abteilungsleiter eines großen Tuchgeschäftes, er habe einen Tag lang gearbeitet, um ganze Ballen Tuch zu „Resten“ zu zerschneiden, denn die Kunden zahlen für diese „Reste“, wenn sie als solche angezeigt werden, mehr, als wenn sie denselben Stoff dem Meter nach vom Stück kaufen, weil sie sich einbilden, sie machten so ein gutes Geschäft und kauften billig ein. – Ich möchte aber eine Frage stellen: Wenn die Leute einmal herausgebracht haben, wie's gemacht wird, wie lange werden sie dann in diesem Geschäft noch etwas kaufen?

Leider glauben viele Geschäftsleute, die Lüge als Geschäftsgrundsatz sei vorteilhaft, man könne mit Lug und Trug gute Geschäfte machen. Gar manches Geschäft, das für ehrlich gilt, scheut sich nicht im Geringsten, kleine Fehler in den Waren oberflächlich zu verdecken und irreführende, das heißt auf deutsch gelogene Anzeigen zu veröffentlichen, da viele glauben, ein bisschen Betrügen gehöre so gut zum Geschäft wie Geld und es sei schwierig, ja unmöglich, große Geschäfte zu machen, wenn man immer streng bei der Wahrheit bleibe.

In unsrem heutigen Zeitungswesen ist es einer der peinlichsten Züge, dass man so leichtfertig mit der Wahrheit umgeht, sie entstellt oder verdreht und aus einer Mücke einen Elefanten macht. Aber mit dem Ruf einer Zeitung geht es genau wie mit dem eines Menschen: einer Zeitung, die fortwährend und bewusst lügenhafte Nachrichten bringt, glaubt man überhaupt nichts mehr. Dagegen genießen solche Blätter den Ruf der Zuverlässigkeit, die die Tatsachen nicht der Aufmachung zuliebe entstellen und verdrehen: sie haben viel mehr Ansehen, als andre mit vielleicht größerer Auflagenzahl.

Tausendmal mehr wert als ein durch Lug und Trug erworbener Gewinn ist es, wenn die Menschen von dir die Überzeugung haben, du bist um keinen Preis zu kaufen, du lässt dich durch keine selbstsüchtige Triebfeder vom geraden Weg abbringen, du sagst immer, überall und unter allen Umständen die Wahrheit, und zwar nicht so ziemlich, sondern ganz genau und bestimmt.

Eine der allergefährlichsten Gestalten in der Geschäftswelt ist der Mann, der zwar zunächst ehrlich ist, aber ohne Leidenschaft und mehr aus einer Art Ruhebedürfnis: es ist ihm immer angenehmer, wenn er bei der Wahrheit bleiben kann, aber wenn es eben gar nicht mehr gehen will damit, wenn er Gefahr läuft, auf dem Weg der Ehrlichkeit Geld einbüßen oder zusetzen zu müssen, dann sieht er sich zu seinem Bedauern genötigt, den andern Weg zu betreten. Natürlich lügt er auch dann nicht geradezu, wenn es nicht ganz unbedingt nötig ist: er umgeht die Wahrheit oder er verschweigt sie, wo er sie hätte sagen sollen. Er glaubt auf diesem Weg die sonst unvermeidlichen Geldverluste zu ersparen, aber er bedenkt nicht, dass er viel mehr und viel kostbareres verliert, als er an Geld gewinnt: was er seinem Bankguthaben zuschreiben kann, das muss er von seinem Wert als Mensch abschreiben.

Sehr oft aber stellt sich heraus, dass die krummen Wege überhaupt auf die Dauer nicht zum Gewinn führen, dass Lügengeschäfte schlechte Geschäfte sind und dass Ehrlichkeit der lohnendste Geschäftsgrundsatz ist.

Ein Blick auf die Geschichte unsrer Geschäftswelt zeigt, dass von den großen Geschäften vor vierzig Jahren heute wenige noch am Leben sind. Damals schossen sie wie Pilze auf, machten mächtig viel Lärm und Geklapper mit allerlei Schwindelanzeigen, eine Zeitlang ging es auch leidlich oder selbst glänzend: aber es fehlte die Zuverlässigkeit, die Käufer kamen bald hinter die Kniffe, und heute weiß niemand mehr etwas von ihnen als etwa die paar damals Angeführten, die heute noch leben.

Keine Reklame kommt auf die Dauer auf gegenüber dem Ruf unbedingter Ehrenhaftigkeit und Zuverlässigkeit: dieser wohlverdiente Ruf hat dem bloßen Namen mancher Geschäfte den Wert von Millionen verliehen.

Was für ein Unterschied ist doch zwischen einem Menschen, der die Wahrheit sagt und weiß, dass die ewigen Mächte des Rechts und der Gerechtigkeit hinter ihm stehen, und dem Mann, der lügt und dabei weiß, dass er lügt. Der eine kann der ganzen Welt frei ins Gesicht sehen, der andre hört eine Stimme in seinem Innern, die ihm zuruft: „Du lügst, du bist kein Mann, sondern nur ein Scheinding!“ Denn der Lügner ist gar kein Mensch, sondern nur das verzerrte Bild eines Menschen. Er ist geschaffen nach dem Bild der Wahrheit, und je weiter er sich von diesem Bild entfernt, desto näher kommt er dem Tier, und zu den Tieren sollte er von allen anständigen Menschen gerechnet werden.

Gibt es einen niederschlagenderen Anblick als die vielen jungen Leute, die leichtsinnig ihren Ruf und guten Namen aufs Spiel setzen, nur um ein paar tausend Dollar zu gewinnen oder die öffentliche Aufmerksamkeit auf sich zu ziehen, und die sich über ein derartiges Spiel nicht mehr Gedanken machen, als wenn sie auf irgendein Pferd wetten?

Kann sich das wirklich bezahlt machen? Man kann doch die Lilie nicht dafür entschädigen, wenn sie einen Flecken auf ihre weiße Blüte bekommt, oder die Rose, wenn sie ihren Duft verliert – es ist eben dann keine Lilie und keine Rose mehr! Was bleibt von einem Menschen, wenn das Beste in ihm faul ist, wenn gerade das verschwindet, was ihn vom Tier unterscheidet und zum Menschen macht?

Wenn ein Mensch so zum Verräter an sich selbst wird, dann ist kein Reichtum und keine hohe Stellung stark genug, um die innere Stimme zum Schweigen zu bringen, die ihm zuruft: „Du hast die Menschheit in dir verraten und verkauft.“

37. HAT EIN BERUF DIE BILLIGUNG DEINES GEWISSENS?

Immer wieder komme ich mit jungen Leuten zusammen, die mir nicht sagen wollen, was für eine Stellung sie haben, denn sie scheinen sich ihrer zu schämen.

So erzählte mir neulich ein junger Mann nur mit dem größten Widerstreben, dass er Kellner in einer großen Schnapsschänke sei. Ich fragte ihn, wie lange er dort sei, und bekam zur Antwort: sechs Jahre. Er sagte, er hasse die Arbeit, sie sei entwürdigend; aber er verdiene ganz gut dabei, und so wolle er erst genug Geld zurücklegen und dann, sobald es ihm möglich sei, diesen Posten aufgeben und sich etwas andres suchen. Nun, dieser junge Mann lebte in jahrelanger Selbsttäuschung, wenn er glaubte er handle recht, da er seinen Posten ja doch über kurz oder lang aufgeben würde.

Welch kläglicher Anblick ist es, wenn ein kräftiger, begabter, vielversprechender junger Mann, der ohne weiteres eine hohe Stellung ausfüllen könnte, sich und die Seinen mit einer Arbeit ernährt, die nicht die Billigung seines Gewissens findet, die seine Ideale herunterzieht, sein ganzes Wesen verschlechtert, alles Gute und Edle in ihm erstickt und ihn und die Seinen von allem Guten und Edlen immer mehr ausschließt.

Es liegt etwas unser ganzes Wesen Herabwürdigendes darin, wenn wir etwas geschäftsmäßig betreiben, wogegen unser besseres Selbst sich wehrt. Der Versuch, unser Inneres auszusöhnen mit dem, was wir nicht achten können, wird für unsre ganze Entwicklung verhängnisvoll. Deshalb kann ein Mensch, der nicht am richtigen Platz ist, niemals wachsen und sich entfalten, sondern muss verkümmern.

Viele suchen sich damit zu beruhigen, dass sie sich beständig einreden, es sei besser, für jetzt in der bedenklichen Stellung auszuhalten, denn der große Verdienst werde sie dann in den Stand setzen, nachher eine umso bessere Tätigkeit zu wählen. Das ist so eine Art Schlaftrunk für das Gewissen, um es zum Schweigen zu bringen, bis das Zuhören nicht mehr unerträglich ist.

Längere Gewöhnung an eine sittlich schlechte Tätigkeit wird sie dir allmählich in günstigerem Licht erscheinen lassen. Wenn sie recht viel einbringt, so beruhigt das schließlich deine Zweifel, stumpft aber auch dein ganzes sittliches Urteil ab. Du bekommst das Gefühl, dass doch wenigstens etwas dabei herausspringe, das du dann ja später zu etwas Besserem verwenden könntest. Außerdem ist es ja bekannt, wie die Macht der Gewohnheit wirkt: jede Wiederholung einer Handlung macht es wahrscheinlicher, dass sie von neuem und immer von neuem wiederholt und dass man schließlich der Sklave der Gewohnheit wird. Trotzdem sich dein geschwächter

Wille dagegen sträubt, fahren deine Nerven fort, die ihnen geläufigen Handlungen zu wiederholen, selbst wenn du sie verabscheust. Was du anfangs freiwillig wählst, übt schließlich einen Zwang auf dich aus, denn deine Taten sind eine ebenso feste Fessel für dich, wie die Anziehungskraft für die Atome.

Betrüge dich nur nicht mit der Hoffnung, du könntest mit einer schmutzigen Arbeit reines Geld verdienen, oder gar du könntest eine schlechte Arbeit zu einer achtbaren und rechtmäßigen machen. Auf diese Weise sind schon viele zugrunde gegangen. Es gibt Arbeiten, die so sittlich entwürdigend sind, dass selbst ein Charakter wie Lincoln sie nicht achtbar machen könnte. Wenn das, was du zu tun hast, etwas Schlechtes ist, so höre auf, es zu tun, lass die Hände davon. Wenn du nicht sicher bist, wenn du zweifeln musst, ob es recht ist, dann folge der Stimme, die dich zweifeln heißt, und zieh dich aus der Sache zurück, ehe es zu spät ist.

Trage lieber fadenscheinige Kleider, wenn es sein muss, begnüge dich mit einer Mahlzeit am Tag, wohne in einem kahlen Zimmer – aber gib dich auf keinen Fall dazu her, deine Kräfte an eine unsaubere Sache zu verwenden. Arbeite im Tagelohn mit Hacke und Spaten, oder als Kohlenschaufler – alles lieber, als deine Selbstachtung preiszugeben, dein Gefühl für Recht und Unrecht abzustumpfen und dich für immer um jede wahre Lebensfreude zu bringen; diese ist nur da zu finden, wo du dir bewusst bist, dein Bestes zu leisten und zwar für eine gute Sache.

Warum willst du deine Kraft und Fähigkeiten bei einer verächtlichen Arbeit verderben, wo es so viele vorwurfsfreie, geachtete Berufe gibt, in denen man deine Fähigkeiten so gut gebrauchen kann?

Wähle nicht die Beschäftigung, die den höchsten Verdienst bringt oder auch meinetwegen die höchste Berühmtheit, sondern wähle dir eine solche Arbeit, die den Mann in dir wachruft und die dich auf die höchste Stufe hebt, die es gibt: persönlicher Adel der Gesinnung. Das ist größer und höher als Reichtum und Ruhm, höher als jeder Beruf und als jeder Gewinn. Natürlich braucht man Mut, wenn man sich vornehmen will, keinen schmutzigen Dollar in die Tasche zu stecken, keinen, an dem die schwere Sorge eines andern klebt oder dessen Verlust einen armen Teufel noch ärmer macht oder ihm seine Laufbahn zerstört oder ihn an seiner Weiterbildung hindert! Natürlich braucht man Mut, wenn man sich unbedingt für das Gute entscheidet – aber darin zeigt sich eben Charakter und menschliche Stärke. Dafür ward uns Rückgrat und Kraft gegeben, dass wir uns auf die Seite des Guten stellen und gegen das Schlechte kämpfen ohne Rücksicht auf die Folgen.

Befreiung von Armut

38. ARMUT ALS KRANKHEIT

Ein großer Teil der Armut in der Welt ist eine bloße Krankheit, die Folge von Jahrhunderten voll schlechten Lebens und schlechten Denkens. Wir sind heute alle überzeugt, dass Armut ein Zustand ist, der der menschlichen Bestimmung widerspricht. Es ist klar, dass der Mensch dazu bestimmt ist, alles im Überfluss zu bekommen, was wirklich gut für ihn ist, und dass er es bekommt, wenn er es ernstlich beansprucht und hartnäckig darum kämpft.

Wären alle Armen in der Welt imstande, ihren trüben und entmutigenden Verhältnissen den Rücken zuzuwenden und nach dem Licht und der Hoffnung hinzublicken, könnten sie den Entschluss fassen, der Armut endgültig abzusagen, so würde in kurzer Zeit die ganze Welt verändert. Aber viele glauben, sie täten schon ihr Bestes, um von der Armut frei zu werden, während sie noch nicht die Hälfte von dem tun, was sie in Wirklichkeit tun könnten.

Ganz gewiss ist ein großer Teil der Armut bloß Folge gründlicher Faulheit, schwankender Unentschlossenheit und des Unvermögens, sich anzustrengen und tüchtig zu kämpfen.

Die Neigung zur Bequemlichkeit hat mehr Menschen zu Fall gebracht als alles andre, höchstens Unmäßigkeit ausgenommen, und gewöhnlich geht beides Hand in Hand.

Manche Züge, die zu einem kraftvollen Charakter gehören, können sich gar nicht entwickeln, solange selbstverschuldete Armut vorhanden ist. Selbständigkeit und Unabhängigkeit sind die Grundlage jedes kräftigen Charakters. Sie finden sich auch bei dem oft, der ohne sein Verschulden durch höhere Gewalt arm geworden ist. Wer aber deshalb arm ist, weil er Mut und Selbstvertrauen verloren hat oder weil er zu bequem ist, den Preis der Anstrengung zu zahlen, den es kostet, um sein Auskommen zu finden, der besitzt diese Eigenschaften nicht und ist also kein Mann, sondern ein Schwächling.

Wenn du dir ernstlich vornimmst, dass du niemals mehr irgendetwas mit Armut zu tun haben, dass du jede Spur von ihr aus deinem Innern und deinem Äußern wegwischen und der Welt zeigen willst, aus welch tüchtigem Holz du geschnitzt bist, dass du nicht länger als ein Mensch angesehen werden willst, der seinen Weg verfehlt hat, dass du deinen Kopf draufgesetzt hast, unabhängig zu werden und dass keine Macht auf Erden dich von diesem Entschluss wieder abbringen kann – dann wirst du mit Staunen sehen, welche Kraft aus diesem Entschluss quillt und wie schnell dein Selbstvertrauen und deine Selbstachtung wieder steigen.

Wenn es etwas gibt, das unsre Kraft lähmen kann, so ist es der Versuch, sich unsern unseligen Umständen anzupassen, statt sie als unsrer Bestimmung zuwider anzusehen und mit aller Macht von ihnen wegzustreben.

Oft lassen sich arme Leute dadurch entmutigen, dass sie es ihren reicheren Nachbarn nicht gleichtun und auf demselben Fuß leben können: sie versuchen aber dann auch nicht einmal, wenigstens das Beste aus ihrer Lage zu machen und wenigstens alle äußerlichen Zeichen der Armut zu entfernen, worauf doch gerade so sehr viel ankommt.

Die größte Schwierigkeit liegt für die Opfer der Armut darin, dass sie sich selber gar nicht mehr die Fähigkeit zutrauen, wieder in die Höhe zu kommen. Sie haben sich allmählich mit ihrem Schicksal ausgesöhnt und glauben nun wirklich, es sei ihre Bestimmung, arm zu bleiben. Wenn aber ein Mann aufhört zu kämpfen, sein Gewehr wegwirft und die weiße Flagge aufzieht, dann kann man nur noch eines für ihn tun: ihm womöglich sein verlorenes Selbstvertrauen wieder verschaffen und den Gedanken aus seinem Kopf wegbringen, dass ein geheimnisvolles Schicksal ihn wie einen Stein auf dem Brett hierhin und dahin stoße. Es gibt kein Schicksal, das den Menschen in Armut oder in niederdrückenden Verhältnissen festhält.

Ich kenne einen jungen Mann, der auf einer unsrer ersten Hochschulen seine Abgangsprüfung gemacht hat, einen breitschulterigen, kräftigen Menschen. Der behauptet, er sei so arm, dass er sich nicht einmal einen Strohhut kaufen könne, und wenn sein Vater ihm nicht jede Woche zwanzig Dollar schickte, so müsste er Hunger leiden. Dieser Mensch ist das Opfer des Armutsgedankens. Er glaubt nicht, dass ihm irgendein Erfolg blühen könne, er hat angeblich schon alles versucht und nichts ist ihm geglückt. Er erklärt, er habe kein Zutrauen zu seinen Fähigkeiten, seine ganze Erziehung sei verfehlt gewesen. So ist er denn in Wirklichkeit arm und nichts – einzig wegen der falschen Richtung seines Geistes.

Die Armut selbst ist nicht so schlimm wie der Armutsgedanke, die Vorstellung, dass wir arm sind und arm bleiben müssen.

Wenn du dich verloren fühlst, und der Weg vor dir düster und mutlos aussieht, so versuche doch noch eines: drehe dich im Geist ganz herum und sieh nach der entgegengesetzten Seite, nach der Sonne der Hoffnung, dann hast du alle Schatten hinter dir. Verstopfe alle Wege, auf denen der Armutsgedanke und der Zweifel an dir selbst zu dir eindringt. Nimm von der Wand deines Geistes alle trüben, entmutigenden Bilder und hänge helle, frohe und hoffnungsvolle auf. Fasse so kräftig du kannst den Entschluss, dir von dem Überfluss der guten Dinge in der Welt den dir gebührenden Teil anzueignen, natürlich ohne jemand anders zu schädigen. Es ist deine Bestimmung, so viel davon zu haben, dass du selbständig leben kannst.

Tausende haben sich von der Armut freigemacht dadurch, dass sie jenen großen Grundsatz verstehen lernten: was wir beständig in Gedanken festhalten und mit aller Macht zu erarbeiten suchen, das erlangen wir auch.

39. TEURE SPARSAMKEIT

Es gibt eine Art von Sparsamkeit, die teuer zu stehen kommt. Als Beispiel könnte man anführen, dass es ja doch die Anschaffung neuer Stecknadeln „erspart", wenn man sich damit beschäftigt, die alten krummgewordenen gerade zu biegen.

Ich kenne einen reichen Mann, der sich in seiner armen Jugend eine derartige Sparsamkeit angewöhnt hat, dass er jetzt nicht mehr davon lassen kann. Aber es geht ihm dabei oft so, dass er um einen Cent zu sparen, für einen Dollar Zeit verliert. Er zerschneidet die Briefumschläge und benützt ihre Rückseite als Schreibpapier, und verliert damit Zeit, die mehr wert ist, als das bisschen Papier. Dieselbe Kleinlichkeit zeigt er im Geschäft: seine Angestellten müssen die Schnüre von Paketen abnehmen und aufwickeln und ähnliche Torheiten.

Es gibt nicht allzu viel Menschen, die einen vernünftigen Begriff davon haben, was wirkliche Sparsamkeit ist. Sie ist keineswegs gleichbedeutend mit Schäbigkeit oder Kleinlichkeit, ja sie kann oft gerade im Anlegen einer großen Summe bestehen, weil sie eben immer das Ziel im Auge hat, dass schließlich mehr aus der Sache herauskommt, als man hineingesteckt hat.

Es ist ein himmelweiter Unterschied zwischen vernünftigem Wirtschaften und kleinlichem Sparen. Wer gar zu viel Wert auf den Cent legt, der bringt es nie zum Taler. Heute sind die Zeiten vorbei, wo man mit kleinlichen Mitteln etwas erreichen konnte, heute geht alles großzügig zu. Nur wer das rechte Augenmaß hat und die Dinge in ihren richtigen Verhältnissen sieht, kommt heute vorwärts.

Wahre Sparsamkeit verlangt den höchsten Grad von Urteilskraft und den weitesten Gesichtskreis. Sie ist oft gleichbedeutend mit Freigebigkeit, denn man gewinnt die Tausende, die man erhofft, unter Umständen nur, wenn man Hunderte dranwendet. Reichlich ausgeben für etwas, das uns vorwärts hilft und dazu beiträgt, dass wir auf andre einen guten Eindruck machen und Anerkennung und Beförderung erlangen, das ist oft eine tausendmal bessere Anlage für unser Geld, als wenn wir es vorsichtig auf die Sparkasse tragen. Wer vorwärts kommen will, der muss alles im Auge behalten, was ihm helfen kann, und darf sich nicht durch kleinliche Sparsamkeit die besten Möglichkeiten verscherzen.

Die an sich löbliche Gewohnheit zu sparen, kann auch so stark übertrieben werden, dass sie schädlich wird und statt ein Sprungbrett fürs Leben zu bilden, einen Stein darstellt, über den wir stolpern. Es kann für einen Geschäftsmann unter Umständen ebenso verhängnisvoll sein, an den Geschäftsauslagen zu sparen, wie für einen Sämann, wenn er am Samen spart. Sagt doch schon der Apostel Paulus: „Wer da kärglich säet, der wird auch kärglich ernten."

Ich kenne einen jungen Mann, der sich eine Menge Gelegenheiten, vorwärts zu kommen oder ein gutes Geschäft zu machen, dadurch verscherzt hat, dass er an seinem Anzug spart, und da kleinlich ist, wo es sich um notwendige Ausgaben handelt. Er meint, als Geschäftsmann könne man seine Kleider bis zur Fadenscheinigkeit auftragen. Es fällt ihm nie ein, einen guten Kunden, oder einen, der es werden könnte, zum Frühstück einzuladen oder irgendwo für ihn zu bezahlen. Dafür gilt er aber auch überall für kleinlich und schäbig, und niemand macht gerne Geschäfte mit ihm. Diesem Mann kommt seine Sparsamkeit teuer zu stehen.

Manche Menschen schädigen sogar ihre Gesundheit durch falsche Sparsamkeit. Wenn du aber das Beste leisten willst, zu dem du fähig bist, dann hüte dich vor solcher Verkehrtheit. Niemand darf seine Maschine mit minderwertigem Feuerungsstoff heizen, „weil die Kohlen so teuer sind“: ebenso wenig darfst du deinen Körper und dein Gehirn mit unzureichender Nahrung versorgen. Spare lieber an allem andern, aber verdirb dir deine Leistungsfähigkeit nicht durch minderwertige oder ungenügende Nahrung.

Niemand kann ein wichtiges Geschäft abschließen, wenn er nicht in bester Form antritt, und es macht sich nicht bloß in Gesundheit und Bequemlichkeit, sondern auch in Geld bezahlt, wenn man sich vernünftig behandelt und pflegt.

Wir wissen gar nicht, wie viel köstliche Lebenskraft und wertvolle Energie verloren geht durch falsche Sparsamkeit. Wie manche nötige kleine Operation wird monate- oder jahrelang aufgeschoben, „weil sie zu viel kostet“: der Erfolg ist, dass man sich die ganze Zeit unnütz quält, weniger leistungsfähig ist und sie am Ende doch machen lassen muss.

Es muss unser Grundsatz sein, niemals die Anwendung eines Mittels aufzuschieben, das uns von einer Hemmung unsrer Arbeits- und Leistungsfähigkeit befreit.

Das Ziel des richtigen Ehrgeizes ist, so stark als möglich zu werden in jeder Beziehung. Alles, was dazu beiträgt, ist jeden Preis wert, wie hoch er auch sei. Spare deshalb niemals an Ausgaben für Dinge, die dich leistungsfähiger und kraftvoller machen.

40. WIE MAN SEIN GELD VERLIEREN KANN

Wie viel tausend treffliche und ehrliche Männer und Frauen gibt es in unsrem Land, die hart gearbeitet und alle möglichen Opfer gebracht haben, um etwas für die Zukunft zurückzulegen, und die bis zur Mitte des Lebens noch nichts vor sich gebracht haben, ja von denen manche nicht einmal eine Heimstätte, ja nicht einmal die Möglichkeit besitzen, sich eine solche zu erwerben, ebenso wenig einen Cent Ersparnisse für Krankheit, Not oder Alter!

Und das nur, weil sie nicht die geringste Geschäftskenntnis besaßen.

Wie viele junge Männer und Mädchen verlassen Schule und Universität vollgepfropft mit Kenntnissen aller Art, sind aber nicht imstande, sich vor Schwindlern zu schützen, die sie zu hintergehen suchen, wo sie nur können. Man sollte niemand zum Examen zulassen – besonders nicht zu den höheren – der nicht einen festen Untergrund praktischer Geschäftskenntnis besitzt. Eltern, die ihre Kinder in die Welt hinausgehen lassen, ohne dafür zu sorgen, dass sie sich in gewöhnlichen Geschäftsdingen gut zurechtfinden können, versündigen sich schwer an ihnen.

Man kann sagen, dass in unserm Land viele große Vermögen nur auf Grund der völligen Geschäftsunkenntnis der Massen erworben werden. Viele rechnen damit, dass es eine Kleinigkeit ist, Leute zu beschwindeln, die nicht wissen, wie sie ihr Geld festhalten und schützen sollen; sie leben von der Unwissenheit ihrer Nebenmenschen. Sie wissen, dass eine gut gemachte Anzeige, ein schlau abgefasstes Rundschreiben, ein dringender Aufruf die sauer erworbenen Ersparnisse aus den Taschen dieser arglosen, leichtgläubigen Leute in ihre eigenen locken wird.

Mancher kommt zu Schaden dadurch, dass er einem Rechtsanwalt oder Geschäftsführer unbeschränkte Vollmacht gibt. Geschäftsunerfahrene Menschen, und vollends Frauen, haben keine Ahnung, was sie damit eigentlich einem Menschen alles anvertrauen und dass sie ihn damit in den Stand setzen, völlig so zu handeln, als wenn er der Bevollmächtigte selbst wäre. Er kann ihren Namen zu jedem Zweck gebrauchen; er kann ihr Geld von der Bank abheben, er kann jedes Geschäft in ihrem Namen abschließen, kurz, soweit geschäftliche Dinge in Betracht kommen, steht er tatsächlich mit vollem Recht an ihrer Stelle. Das ist eine ungeheure Macht, die man da einem andern überträgt, und man kann in der Wahl nicht vorsichtig genug sein. Es sollte jedenfalls nur da geschehen, wo die Ehrlichkeit des Betreffenden wirklich über jeden Zweifel erhaben und sein Verständnis für geschäftliche Dinge ausgiebig erprobt ist.

Um deines Heims willen, zum Schutz deines sauer Erworbenen, zum Besten deines inneren Friedens, deiner Selbstachtung und deines Selbstvertrauens, versäume es nicht, ganz gleich, worin deine sonstige Tätigkeit besteht, dir eine gründliche Kenntnis geschäftlicher Dinge anzueignen und zwar so früh wie irgend möglich. Es wird dir manche Niederlage und ungezählte Verlegenheiten ersparen, vielleicht sogar die Demütigung, vor Familie und Freunden gestehen zu müssen, dass du gescheitert bist. Es kann dich davor retten, eines Tages Haus und Hof zu verlieren, dein Vermögen dir entgleiten zu sehen und bekennen zu müssen, dass du schwach, kurzsichtig und gedankenlos warst; ja, es ist das einzige, was dich davor bewahrt, Schwindlern in die Hände zu fallen.

Wenn jedes Kind auch in geschäftlichen Dingen richtig unterwiesen wäre, so würden Tausende von Schwindlern, die von der Unwissenheit der Menschen leben, kein Brot mehr finden.

Es ist unendlich viel schwerer, Geld zu ersparen und gut anzulegen, als Geld zu verdienen, und wenn sogar erfahrene Geschäftsleute dabei Schwierigkeiten haben, wie wird es da denen ergehen, die so gut wie gar keine Geschäftskenntnisse besitzen? Ich bin deshalb überzeugt, dass die Geschäftsschulen, die in Amerika derartigen Unterricht an jedermann erteilen, zu unsern segensreichsten Errungenschaften gehören und Tausende von Familien vor dem Untergang oder der Armut gerettet haben.

Steigerung der Tatkraft

41. GESUNDHEIT UND LEISTUNGSFÄHIGKEIT

Eine Menge Unglück entsteht daraus, dass eine Arbeit minderwertig getan wird, weil der Arbeitende nicht gesund ist. Gesundheit ist das Wichtigste im Leben: ohne sie werden alle Pläne zunichte, wird alle Lebensfreude getrübt, alle Leistungsfähigkeit verkümmert und aller frischer Eifer gelähmt werden. Welch eine Wonne ist es dagegen, das herrliche Gleichgewicht zwischen einem gesunden Geist und einem gesunden Körper zu empfinden!

Wie oft sehen wir begabte und gebildete junge Leute durch eine körperliche Schwäche an der Ausführung hoher und trefflicher Pläne verhindert! Tausende empfinden kein volles Glück mehr im Leben, weil sie wissen, dass sie nur einen kleinen Bruchteil von all dem ausführen können, zu dem sie fähig wären, wenn sie noch ihre Gesundheit hätten, während jetzt nur allzu viel davon für sie und für die Welt verloren ist.

Es gibt vielleicht keine härtere Enttäuschung im Leben, als wenn einer edlen Ehrgeiz hat ohne die körperliche Kraft, etwas Entsprechendes zu leisten. Sich großer geistiger Kraft bewusst sein zu dürfen, und dabei doch fühlen zu müssen, dass die Gesundheit nicht ausreicht, um etwas Großes damit auszuführen, ist gewiss eine der trübsten Empfindungen.

Wie mancher aber, der darunter leidet, ist insofern selber schuld daran, als er eben nicht verstanden hat, sich gesund und leistungsfähig zu erhalten, um so viel als möglich von den ihm angeborenen Fähigkeiten wirksam zu machen. Es ist die Kunst aller Künste, dass einer versteht, sich selbst immer wieder zu erneuern und frisch zu machen.

Ein Gehirn, das fortwährend gleichmäßig angestrengt wird, kann nicht dasselbe leisten, wie ein andres, dessen Tätigkeit wechselt und durch Ruhepausen unterbrochen ist.

Wer ununterbrochen in der Tretmühle der Arbeit bleibt und sich keine Erholung gönnt, der gerät früh in enggrenzte Bahnen für seine Geistestätigkeit hinein und verkümmert aus Mangel an geistiger Nahrung und Erfrischung. Nichts ist für Körper und Geist wohltätiger als Wechsel der Arbeit und des Gesichtspunktes. Einförmige und ununterbrochene Tätigkeit lähmt die Fähigkeiten bald.

Die am meisten leisten und am meisten erreichen, das sind keineswegs die ewigen Arbeiter, die dir stets versichern, sie hätten keine Zeit, sie müssten schuften. Ich kenne den Leiter eines großen Geschäfts, der nur wenige Stunden täglich in seinem Büro arbeitet und ungemein viel Zeit auf Erholung und Erfrischung verwendet:

dafür geht er aber auch mit einem solchen Vorrat von Kraft an die Arbeit, dass er das Unglaublichste leistet und alle die leicht ein- und überholt, die sich gar keine Unterbrechung ihrer Arbeit gönnen.

Es will aber auch etwas heißen, wenn der Mann an seinem Schreibtisch sitzt. Die Arbeit fliegt nur so und alles klappt mit geradezu mathematischer Sicherheit: in den paar Stunden, die er überhaupt arbeitet, bringt er mehr vor sich als andre in einem ganzen Tag zusammen mit der halben Macht.

Wer richtig lebt, besitzt immer einen Rückhalt an körperlicher Kraft, mit dem er durch eine gewöhnliche Krankheit leicht hindurch kommt. Wer aber alle Kraft und Frische aufgebraucht hat, der behält nichts übrig für die Zeit, wo er auf eine Rücklage müsste zurückgreifen können.

Immer Arbeit und niemals Spiel macht die Kinder stumpf. Der Spieltrieb ist doch so stark in uns, dass wir schon daraus entnehmen können, wie berechtigt er sein muss. Es ist deshalb von einem Geschäftsleiter eine große Torheit, wenn er seine Leute sich überarbeiten lässt: er kennt offenbar die Leistungsfähigkeit gar nicht, die mit körperlicher und geistiger Frische Hand in Hand geht.

Es scheint in Amerika eine weitverbreitete Meinung zu sein, man könne die Natur sozusagen betrügen, alle Gesetze der Gesundheit übertreten, bei einer Mahlzeit so viel essen, dass es eigentlich für drei Tage genug wäre, seine Kräfte in jeder Weise missbrauchen – und dabei dürfe man sich noch beklagen, wenn man ewig Doktor, Arznei und Badeaufenthalt braucht.

Wie viele Menschen bewegen sich tatsächlich bloß von einem falschen Endpunkt zum andern: entweder sie missbrauchen ihren Körper oder sie sind damit beschäftigt, ihn durch Arzneimittel aller Art wiederherzustellen! Das Ergebnis für die Leistungsfähigkeit kann man sich denken: jedenfalls blüht des Doktors Weizen dabei!

Man schreibt viele Leistungen dem Gehirn zu, die eigentlich dem Magen, der Lunge und den Muskeln gutgeschrieben werden müssten. Ein einziges Talent, verbunden mit körperlicher Kraft und Gesundheit und einem starken Willen, leistet mehr als zehn Talente bei schlechter Gesundheit und schwachem Körper. Was wir brauchen, ist unerschöpfte Lebenskraft, die im Notfall jeder Anforderung gewachsen ist. Aber das erhalten wir nur durch richtige, vernünftige und gesunde Lebensweise.

42. SCHÖNHEIT UND LEBENSGENUSS

Es bringt unendlich viel Glück ins Leben, wenn wir früh anfangen, den Sinn für das Schöne in uns auszubilden, zu pflegen und zu entwickeln. Es gibt gar keine bessere Vorbereitung für das Leben: es bringt Farbe und Freude in das ganze Dasein und macht nicht bloß glücklicher, sondern auch leistungsfähiger.

Der Charakter wird zumeist durch das gebildet, was man nicht sieht und hört. Dabei sind die Stimmen und Farben der Natur ebenso wichtig wie die Schule. Wer nicht durch Auge und Ohr Schönheit in sich aufnimmt und so den Sinn und die Empfänglichkeit für das Schöne in sich ausbildet, dessen Wesen wird hart, trocken und abstoßend.

Die Liebe zum Schönen übt einen verfeinernden, sänftigenden und bereichernden Einfluss auf den Charakter aus, der durch kein andres Erziehungsmittel ersetzt werden kann. Es ist ein großes Unglück für ein Kind, wenn es ohne diesen Einfluss in einem Dunstkreis bloßer Gewinnsucht aufwächst, wo man ihm beibringt, der höchste Gewinn seines Lebens sei Geld und Besitz, anstatt

Menschlichkeit, Edelsinn, Güte und Schönheit.

Ein Leben, das rund und vollständig sein soll, darf den Schmuck der Schönheit nicht entbehren. Wer keinen Sinn für Schönheit hat, wem das Schöne in Natur oder Kunst nicht ans Herz greift, dem fehlt etwas in seiner Entwicklung.

Die Liebe zur Schönheit trägt ungemein viel bei zur Ausgestaltung des inneren Gleichmaßes und Gleichgewichts im Leben; wir wissen gar nicht, wie groß der Einfluss des Schönen hier ist. Wir sehen vieles Schöne so oft, dass es unsre bewusste Aufmerksamkeit vielleicht gar nicht mehr auf sich zieht: aber jedes schöne Bild, jeder schöne Sonnenuntergang, jede schöne Landschaft, jedes schöne Gesicht, jede schöne Form übt eine verfeinernde, veredelnde und erhebende Wirkung auf unser Wesen aus. Es ist ungeheuer wichtig, dass wir unsern Geist für die Schönheit empfänglich machen und halten; das dient sogar zu unsrer körperlichen Erfrischung, Belebung und Kräftigung.

Was auch unser Beruf ist, wir dürfen auf keinen Fall alles Feine und Edle in uns um des bloßen Gelderwerbs willen verkümmern lassen, sondern müssen jede Gelegenheit benützen, es zu entwickeln. Genau in dem Maß, wie wir das Schöne lieben und schätzen, werden wir es auch an uns selbst entwickeln; der Schönheitsgedanke, das Schönheitsideal wird sich in unsrem Gesicht und in unsrem Betragen ausprägen. Wer das Schöne liebt, der wird sich auch irgendwie als Künstler betätigen, vielleicht nur in der Form, dass er sein Heim schmückt oder Schönheit in seine Arbeit legt: aber auf jeden Fall wird sein Geschmack verfeinert und sein Leben bereichert, sodass er in künstlerischem Sinn wirken kann.

Die Eltern denken viel zu wenig daran, dieses Mittel bei der Erziehung anzuwenden. Sie vergessen, dass bei dem so stark empfänglichen Gemüt des Kindes alles von Wichtigkeit für die Bildung des Charakters ist, die Bilder an der Wand, ja sogar die Farbe der Tapeten. Sie sollten keine Gelegenheit versäumen, ihre Kinder schöne Kunstwerke sehen oder hören zu lassen, sie sollten es sich zur Gewohnheit machen, ihnen schöne Dichtungen vorzulesen oder vorlesen zu lassen, damit ihr Geist mit Schönem erfüllt werde.

Es liegt nur an dir, die höchste Schönheit, die weit über bloß regelmäßig gebildete Züge hinausgeht, zu gewinnen, wenn du nur den Gedanken der Schönheit beständig in dir trägst, freilich nicht den Gedanken bloß äußerlicher Schönheit der Züge, sondern den der Herzens- und Seelenschönheit, und wenn du in dir gütige, vertrauensvolle und selbstlose Gesinnung pflegst.

Es ist ebenso wichtig, das Gemüt und den Geschmack zu bilden, wie den Verstand. Die Zeit ist hoffentlich nicht mehr fern, wo schon die Kinder zu Hause und in der Schule lernen, die Schönheit als eine kostbare Gabe anzusehen, deren man sich durch Reinheit, Reinlichkeit und Güte würdig machen muss, und wo man das Schöne als ein gottgegebenes und gottgewolltes Mittel zur Erziehung anerkennt.

Nichts trägt so reiche Früchte wie die Pflege des feineren Teils unsrer Persönlichkeit, des Sinnes für das Schöne, das Erhabene und das Wahre, Eigenschaften, die bei dem bloßen Jagen nach Geld hoffnungslos verkümmern.

Glücklich, wer zum Verständnis des Schönen erzogen und gebildet worden ist; er besitzt einen Schatz, den ihm kein Unglück rauben kann. Aber dieser Schatz ist für jeden zu haben, der sich die Mühe gibt, sein Auge, seinen Geist und sein Herz für das Schöne empfänglich zu machen.

43. HEUT IST HEUT!

Irgendjemand hat gesagt: „wir stehen am Vorabend großer Ereignisse."

Noch nie, solange es eine Weltgeschichte gibt, haben wir am Vorabend so großer Ereignisse gestanden wie heutzutage. Die vergangenen Jahrhunderte rollten dahin wie ein Schneeball, der größer und größer wurde, und das gegenwärtige Jahrhundert ist die Summe aller vorhergehenden. Es ist der große Speicher, in den jedes Zeitalter seine Schätze geschüttet hat. Jeder Erfinder, jeder Entdecker, jeder Denker, jeder Arbeiter, der je gelebt, hat durch die Früchte seiner Mühe an dem Heute mitgewirkt.

Heute ist der größte Tag der Weltgeschichte, weil er das Ergebnis aller vergangenen Tage ist und in sich den ganzen Erfolg, alle Leistungen und den ganzen Fortschritt der Vergangenheit birgt. Was für ein andres Anfangen für die Jugend als ein oder auch nur ein halbes Jahrhundert früher!

Von wie viel harter Mühe haben uns Dampf, Elektrizität, die Entdeckungen auf dem Gebiet der Chemie und Physik befreit! Wer kennt noch all die Mühsal, die

Abhängigkeit, in der unsre Väter lebten! Heutzutage genießt die breite Masse des Volkes Lebenserleichterungen, von denen noch vor einem Jahrhundert die Fürsten der Welt nichts ahnten.

Es gibt immer noch Menschen, die der Meinung sind, in jeder andern Zeit lebe sich's besser als gerade in der gegenwärtigen. Wer aber die Welt vorwärtsbringen will, muss selbst ein Teil von ihr sein. Er muss mit dem Leben der Gegenwart in inniger Berührung stehen und den Pulsschlag der Zeit in seinen eigenen Adern spüren. Nicht die Welt von gestern oder die Welt von morgen, nein, die Welt von heute ist es, in der wir leben müssen! Die müssen wir kennen und mit ihren großen Strömungen in stetem Zusammenhang bleiben! Wie viel der besten Kraft geht der Welt verloren, wenn man nur in der Vergangenheit lebt oder nur von der Zukunft träumt.

Wer in der Gegenwart lebt und sie nach besten Kräften ausnutzt, wer keine Zeit darüber verliert, seinen Fehlern oder Versäumnissen von gestern nachzutrauern, wer seine Kraft nicht in müßigen Träumen über die Wahrscheinlichkeiten des „morgen“ vergeudet, der hat viel mehr Erfolg und gewinnt dem Leben weit mehr ab als die, deren Blick stets nur aufs Vergangene oder Zukünftige gerichtet ist.

Darum verdirb dir nicht die Tage und versuche nicht, den Februar schon im Januar zu leben. Karge und geize nicht in diesem Monat, in diesem Jahr, weil du nur auf den nächsten Monat, das nächste Jahr hinstrebst.

Zertritt heute nicht achtlos die Veilchen und Maßliebchen am Weg, blind für alle Schönheit, die um dich, ja unmittelbar zu deinen Füßen ist, weil deine Blicke heute nur den Sternen gelten.

Nimm dir vor, das Behagen zu genießen, das dich schon jetzt umgibt, und sieh dich in Gedanken nicht stets nur in dem schönen Automobil, der Yacht, die du nächstes Jahr haben willst; freu dich an den Kleidern, die du in diesem Jahr trägst, anstatt nur an die vornehmen Kleider zu denken, die du dir deiner Meinung nach nächstes Jahr unbedingt anschaffen musst.

Fasse nur einmal den festen Vorsatz, das kleine Haus, das dein Heim ist, recht zu genießen, es heute und alle Tage zum glücklichsten, schönsten Fleckchen auf Erden zu machen, und versuche, dir alle Gedanken an das langersehnte neue Haus aus dem Kopf zu schlagen, bis es wirklich fertig ist. Das soll nun nicht heißen, dass wir überhaupt keine Zukunftspläne schmieden und uns nie auf kommende Dinge freuen sollten! Es heißt nur soviel, dass wir die Zukunft und was wir von ihr erwarten, nie so sehr in den Brennpunkt unsres Denkens und Fühlens rücken sollen, dass wir darüber das schöne Heute vergessen und uns seine günstigen Gelegenheiten und Freuden entgehen lassen.

Lebe voll und ganz den Augenblick! Plane nicht, morgen neunundneunzig Prozent an Schönem herauszubekommen, während du dich heute mit einem Prozent begnügst. Nein, erringe dir noch heute hundert Prozent!

Es kann nicht das Richtige sein, nur in Erwartung kommender Dinge zu leben. Wenn wir immer nur in höheren Sphären schweben, muss uns das Leben selbst trocken und öde erscheinen. Unser Beruf wird uns dann zur Plage anstatt zu einer Freudenquelle, wie er es sein sollte, und wir verlieren ganz die Fähigkeit, das Leben zu genießen, das uns umgibt.

Das wahre Glück ist so beschaffen, dass es uns auch im Alltagsleben täglich aufs Neue erfüllt, jetzt oder nie. Es gleicht dem Mana, das die Kinder Israel auf Vorrat sammeln wollten: versuchen wir, es bis morgen aufzuheben, so verdirbt es. Überall findet man Menschen, die für morgen allerlei Schönes planen, aber nie für heute. Heute sind sie viel zu geschäftig, um an andre zu denken. Heute vernachlässigen sie ihre Freunde, ihre sozialen Pflichten. Kleine Wohltaten verschieben sie lieber, bis sie später, wenn sie erst etwas weiter sind und mehr Geld haben, eine große Schenkung machen können.

Wenn wir nur dahin streben, dem lästigen Alltag und aller Plage der Gegenwart zu entrinnen, in der Hoffnung, dass uns eine geheimnisvolle Zukunft Freiheit und Glück bringe, so befinden wir uns in einer ähnlichen Täuschung wie jene, die da meinen, wenn sie nur den Dorn, der sie sticht, oder den Stein im Schuh loswerden könnten, so wären sie glücklich. Aber wer bürgt uns dafür, dass die, die heute nicht lachen, morgen dazu imstande sind? Ob die Genussfähigkeit, wenn sie nicht geübt wird, nicht auch allmählich einrostet?

Wenn wir uns klar machen könnten, dass nur die Gegenwart wirklich ist, dass sie allein greifbar für uns vorhanden ist und je sein kann, dass es in Wirklichkeit kein Gestern und Morgen gibt, dass wir uns nie auf irgendetwas verlassen können als auf den Augenblick, in dem wir leben, dass wir uns weder in die Zukunft hinein-, noch in die Vergangenheit zurückversetzen können, dass es ein ewiges Jetzt gibt – und dass die Jahre, die Tage, die Minuten nichts als eine willkürliche Einteilung dieses ewigen Jetzt sind – wenn wir uns das nur wirklich ganz klar machten, wie würde es unsre Kräfte verdoppeln und unsre Genuss- und Leistungsfähigkeit stärken!

44. EIN WARMES HERZ

Es gibt eine Geschichte von einem König, der einen kleinen Sohn hatte, den er übermäßig liebte. Alles, was Reichtum und Liebe gewähren können, besaß der Knabe, kein Wunsch war ihm versagt, und doch war er nicht glücklich, sein Gesicht zeigte immer einen Zug von Unzufriedenheit. Eines Tages kam ein Zauberer in das Schloss des Königs und versprach, er wolle seinen Sohn glücklich machen. Der König sprach zu ihm: „Wenn du das fertig bringst, so darfst du fordern, was du willst." Der Zauberer führte den Knaben in ein einsames Zimmer und schrieb etwas mit weißer Tinte auf ein Blatt Papier, gab es dem Knaben und befahl ihm, es in einem dunklen Raum über ein angezündetes Licht zu halten und zu warten, was geschehe. Dann ging er fort. Der Königsohn tat, wie ihm geheißen war, und das weiße Papier zeigte in dem Licht in blauen Buchstaben die Worte: „Erweise jeden Tag einem Menschen eine Freundlichkeit." Der Königsohn befolgte diese Anweisung und wurde gar bald der glücklichste Mensch im ganzen Reich.

Niemand kann wahrhaft glücklich sein, wenn er nicht sein Glück darin findet, andern Gutes zu tun und Freude zu machen. Wir können nur dann festhalten, was wir haben, wenn wir uns selbst an andre geben.

Ein Philosoph stellte einst seinen Schülern die Frage: „Was ist das Begehrenswerteste auf Erden?"

Nach vielen Antworten kam schließlich diese: „Ein warmes Herz". „Das ist wahr", sagte der Philosoph, „du hast alles, was die andern gesagt haben, in zwei Worte zusammengefasst, denn wer ein warmes Herz hat, der wird ein zufriedener Mensch, ein guter Freund und Nachbar sein und wird leicht sehen, wie er sich nützlich machen kann."

Ein Herz voll Wohlwollen und Güte, ein freies, herzliches, offenes, mitteilendes Wesen ist ein Reichtum, neben dem das Geld eines vielfachen Millionärs nichts bedeutet, und wer es hat, der kann so viel Gutes tun wie der reichste Mann.

Es ist erstaunlich, wie schnell ein Mensch sich entwickelt, wenn er aus sich herausgeht und sein Leben mit aller Kraft in den Dienst der Nächstenliebe stellt. Nichts hilft unserm eigenen Leben so sehr, als wenn wir uns schon früh daran gewöhnen, Gutes zu denken und zu tun und freundlich über unsre Mitmenschen zu reden.

Wie viel wir auch von uns selber hergeben, wie viel Hilfe, Ermutigung und Freude wir auch spenden, so ist doch nicht bloß keine Abnahme unsres inneren Reichtums zu spüren, sondern er nimmt zu, je mehr wir davon austeilen. Je mehr Leben wir aussenden, desto mehr Hilfe, Mut und Hoffnung kommen zu uns zurück.

Der Grund, dass viele von uns so karge Früchte ihrer Lebensarbeit ernten ist der, dass sie mit sich selbst, mit ihrer Teilnahme und Freundschaft nicht freigebiger sind. Wir müssen mehr geben, um mehr zu bekommen. Wer mit seiner Teilnahme, seiner Hilfsbereitschaft, seinem Lob und seiner Anerkennung geizt, der legt seiner eigenen Natur Fesseln an und lässt sie darben und verschmachten.

Ein paar Worte freundlicher Teilnahme und liebevoller Ermutigung halfen John B. Gough, dem großen Mäßigkeitsapostel, sich selbst wiederzufinden und eine so große Macht zum Guten zu werden.

Die Gewohnheit, mit und von unsern Mitmenschen freundlich zu sprechen und immer ihre guten Seiten herauszufinden, ist ein Vorgeschmack des Himmels.

Das Schlimme ist, dass wir einander falsch verstehen und falsch einschätzen. Wir beurteilen die Menschen zu sehr nach ihren schlechten Seiten, ihren Fehlern, Mängeln und Eigentümlichkeiten. Wie schnell würde das tausendjährige Reich anbrechen, wenn wir imstande wären, zu erkennen, dass selbst in dem minderwertigsten Menschen noch etwas Göttliches wohnt, dass in dem schäbigsten Geizhals ein Menschenfreund schlummert und in dem erbärmlichsten Feigling ein Held verborgen ist, der vielleicht nur auf eine große Not wartet, um sich zu offenbaren.

Vielen von uns macht die verderbliche Gewinnsucht, machen die erkältenden Regeln und Gebräuche des Geschäftslebens, die unser Herz mit einer Kruste von

Selbstsucht umgeben, so blind, dass wir das Gute im Menschen überhaupt nicht mehr erkennen können. Wenn wir es aber lernen, stets nach dem Guten in ihnen statt nach dem Schlechten zu suchen, so werden wir auch das Gute statt das Schlechte aus ihnen herausholen, denn je höher wir sie einschätzen, desto mehr werden wir ihre Selbstachtung heben. Wer sich aber selbst nur das Schlechteste zutraut, kann seine guten Seiten nicht entwickeln. Hätten wir eine gütige, liebevolle Meinung voneinander, so trügen wir dadurch zu einer völligen Umwandlung der Verhältnisse bei.

Die Welt errichtet den selbstlosen, hilfreichen Menschen Denkmäler – wenn nicht aus Marmor und Erz, so doch in den Herzen derer, die sie getröstet, ermutigt und froh gemacht haben.

Mit warmem Herzen andern wohltun, das kann jeder, und es ist unendlich viel wertvoller, hier Erfolge zu erzielen, wenn uns in unserm Beruf auch einmal etwas fehlschlägt, als große Reichtümer anzuhäufen, dabei aber zu versagen, wenn es sich um Hilfsbereitschaft, um freundliche, herzliche Anteilnahme im Verkehr mit unsern Mitmenschen handelt.

45. ENERGIEVERSCHWENDUNG

Ein junger Mann beginnt seine Laufbahn mit einer stattlichen Summe von Kraft, die er in seinem Gehirn, seinen Nerven und Muskeln aufgespeichert hat. Es ist ihm zumute, als ob ein unendlicher Vorrat von Energie zu seiner Verfügung stünde in der überschäumenden Jugendkraft, die vor keinem Hindernis zurückschreckt, und er ist überzeugt, dass er Wunderbares leisten und seine gesamte Energie in Erfolg verwandeln wird. Aber in dem jugendlichen Wahn, dass er aus diesem Vorrat endlos schöpfen könne, verschleudert er seine Energie nach allen Seiten, hier in Tabak, dort in Bier oder Wein, hier in schweren Mahlzeiten zu später Stunde, dort in allerhand Ausschweifungen, hier in Müßiggang, dort in nachlässiger Arbeit, bis er schließlich mit Schrecken zum Bewusstsein kommt und sich fragt: „Wo ist das strahlende Licht, das ich mit meiner Energie entzünden wollte? Ist diese flackernde Flamme alles, was ich leisten kann?“ Er sieht mit Entsetzen, dass er mit all seiner überschäumenden Kraft kaum so viel Licht hervorgebracht hat, um seinen eigenen Weg damit zu beleuchten; die Welt aber hat er so dunkel gelassen wie zuvor, und statt die Welt zu erleuchten, stolpert er im Dämmerschein dahin. Die Energie, die in reine Leistung umgesetzt werden sollte, ist unterwegs verloren gegangen.

Nicht der nützliche und notwendige Kraftverbrauch, sondern die törichte Kraftverschwendung macht uns müde und alt.

Man hält es mit Recht für etwas Schlimmes, wenn ein junger Mann tausend Taler von seines Vaters Geld in einer Nacht verjubelt – aber ist es eigentlich weniger schlimm, wenn er seine Lebenskraft und seine Energie verschwendet, die so viel Nützliches hätte schaffen können? Was bedeutet der Verlust jener Summe im Vergleich mit der sittlichen Erniedrigung, die ihm eine solche Nacht bringt? Und was sind tausend Taler im Vergleich mit einem Stück der kostbaren Lebenskraft? Verlorenes Geld kann man wieder einbringen, aber in Ausschweifungen vergeudete Lebenskraft ist nicht bloß unwiederbringlich dahin, sondern ist schlimmer als verloren, denn der Verlust hat auch das, was übrig blieb, erniedrigt und entsittlicht und die Grundlage alles Guten im Leben untergraben.

Blicke einmal auf den verflossenen Tag zurück und sieh, wo deine Energie hingegangen ist. Wie viel hast du mit Kleinigkeiten verloren, vielleicht mit Kritisieren und Tadeln, oder in den vielen kleinen Reibungen, bei denen gar nichts herauskommt, als dass deine Nerven zerrieben werden und du reizbar, leistungsunfähig und matt wirst. Vielleicht hast du mehr Nervenkraft in einem Zornesausbruch ausgegeben, als bei deiner ganzen Arbeit, vielleicht bist du in deinem Geschäft umhergegangen wie ein brüllender Löwe, der sucht, wen er verschlinge, wie es in der Bibel heißt. Dabei standen alle Klappen und Sicherungen deines Energievorrates offen, und alles, was du in der Nachtruhe gesammelt hattest, strömte aus. Was hat dir aller Ärger, alles Tadeln und Schimpfen geholfen? Gebracht hat es dir nichts, aber genommen hat es dir viel von deiner Energie, deiner Selbstbeherrschung und Selbstachtung und ebensoviel von der Achtung und Zuneigung deiner Untergebenen.

Viel wird auch gesündigt, indem wir in unnützen Sorgen, in der Vorausnahme alles Schlimmen, in ewigem Überdenken dessen, was wir tun sollen, unsre ganze Kraft schon verbrauchen, ehe wir noch zu arbeiten anfangen, und dann natürlich keine mehr haben, wenn wir sie am nötigsten brauchen. Wir sind dann wie eine Dampfspritze, die all ihren Dampf auf dem Weg zur Brandstätte aufbraucht und nun keine Löscharbeit mehr leisten kann.

Du musst alles loszuwerden suchen, was deine Energie unnütz verzehrt. Wenn du einen falschen Schritt getan hast, tu ihn zurück, wenn es noch möglich ist, mache ihn wieder gut, soweit es in deiner Macht steht – aber wenn du dann das Deinige getan hast, dann lass die Sache auf sich beruhen und schleppe sie nicht als Totengerippe mit dir herum. Was tot ist, soll nicht wieder aufstehen und als Gespenst fruchtloser Reue deine Kraft verzehren.

Halte dich von allem fern, was deine Lebenskraft mindert, und frage dich bei allem, was du tust, ob es dich stärker und kräftiger macht, etwas für die Menschheit zu leisten.

Willst du es in der Welt zu etwas bringen und das Deine beitragen zum Fortschritt der Menschheit, so rotte aus deinem Leben aus, was deine Kraft vergeudet und dir den Erfolg raubt.

46. KRAFT IM VORRAT

Wie viele Menschen leiden Schiffbruch im Leben, weil sie keine überschüssige Kraft aufspeichern, weil sie sich nicht über das alltägliche Bedürfnis hinaus mit einem Vorrat von körperlicher Kraft, von Wissen, Bildung und Selbstdisziplin versorgt haben, der ihnen zur Seite stände, wenn außerordentliche Forderungen, schwere Lebensfragen an sie herantreten.

Der Grund, warum das Leben so vieler Menschen armselig, gering und kümmerlich verläuft, ist der, dass sie selbst nicht genug hineinlegten, dass sie sich durch Schule und spätere Weiterbildung nicht besser darauf vorbereiteten. Ihre Ernte ist so klein, weil sie so spärlich und nur so geringen Samen gesät haben.

In jedem einigermaßen bedeutungsvollen Leben wird einmal eine Zeit kommen, wo der Erfolg von dem vorhandenen Vorrat von Kraft abhängt. Dann handelt es sich darum, wie lange wir mit unsrer aufgespeicherten Kraft aushalten können. Es gibt so viele Notlagen im Leben, die wir nur dann überwinden, wenn wir die nötige Widerstandskraft in uns haben.

Websters Antwort an Hayne, die größte Parlamentsrede, die Amerika je gehört hat, ist ein glänzendes Beispiel dafür, was ein Vorrat von Kraft in einem Notfall vermag. Die Debatte hatte sich tagelang hingezogen. Hayne hatte eine glänzende Rede gehalten, auf die, wie er selbst glaubte, niemand würde antworten können. Aber sie ließ Webster keine Ruhe. Er fand, sie müsste am nächsten Morgen beantwortet werden, ob ihm auch keine Zeit blieb, sich vorzubereiten, sich schriftliche Berichte oder den Rat Sachverständiger zu verschaffen und seine Geschichtskenntnisse aufzufrischen. Allein, ohne Bücher oder irgendwelche äußeren Hilfsmittel stand er da, an einem Wendepunkt der Geschichte unsres Landes. Von seinem inneren Kraftvorrat, von dem, was er in seinem früheren Leben an Schätzen gesammelt und aufgespeichert hatte, hing alles ab. Da fand er in der einen Nacht, die ihm zwischen dem Aufbruch des Senats am Abend und seiner Zusammenkunft am nächsten Morgen blieb, in einem Winkel seines Schreibtisches alte Ausarbeitungen, mit denen er sich bei andrer Gelegenheit auf ein andres Thema sorgfältig vorbereitet hatte, und mit ihrer Hilfe kam die große Rede zustande.

Körperliche, geistige und sittliche Hilfskräfte in jeder Lebenslage sind von unschätzbarem Wert. Der junge Mann, der sich vornimmt, Großes zu leisten, muss auch auf große Hindernisse gefasst sein. Er muss jedem Zufall gewachsen sein.

Es gibt in der Weltgeschichte kein besseres Beispiel politischen Weitblicks und mächtiger Kraftentfaltung als das Vorgehen Moltkes bei seiner Vorbereitung auf den deutsch-französischen Krieg, der Napoleon III. und sein Kaiserreich stürzte. Jeder junge Amerikaner kann daraus lernen.

Schon dreizehn Jahre vor Ausbruch des Krieges fing Moltke an, alles bis ins Einzelne zu entwerfen. Jeder Offizier und jeder Reservist bekam genaue schriftliche oder gedruckte Anweisungen, was er im Kriegsfall zu tun habe. Die leitenden Stellen im ganzen Reich waren mit vertraulichen Instruktionen versehen, die sich auf die Truppenbewegungen bezogen und im versiegelten Umschlag bereit gehalten wurden, bis der Mobilmachungsbefahl eintraf. Die Magazine und Sammelplätze waren so verteilt worden, dass sie im Kriegsfall mit dem geringsten Zeitaufwand und ohne Verkehrsstörung der Eisenbahnen erreicht werden konnten.

Diesen Plan bearbeitete Moltke immer wieder von neuem und passte ihn den im Lauf von dreizehn Jahren sich häufig ändernden Verhältnissen unermüdlich an, um auf diese Weise jeden Augenblick kriegsbereit zu sein. Die endgültigen Pläne, wie sie 1870 zur Ausführung kamen, sollen 1868 vollendet, die ersten Entwürfe aber schon 1857 gemacht worden sein. Unter der meisterhaften Führung dieses großen Generals vollzogen sich die Bewegungen des großen deutschen Heeres mit der Regelmäßigkeit eines Uhrwerks.

Wie anders dagegen das Verhalten auf französischer Seite! Wie fehlte hier das unermüdliche, scharfsinnige, sachliche Walten eines Moltke! Er überließ nichts dem Zufall, die Franzosen alles! Französische Offiziere telegraphierten von der Grenze an die leitenden Stellen im Reich, dass es ihnen an Nachschub aller Art fehle und dass sie ihre Truppen nicht zusammenbringen könnten. Überall herrschte eine derartige Verwirrung, dass die französischen Heere an keiner Stelle ihren Gegnern gewachsen waren. An Überlegung, Planmäßigkeit und Klugheit waren ihnen die Deutschen überall überlegen. Die Folge davon war eine der schrecklichsten Demütigungen, die ein Volk je hat erfahren müssen.

Wie viel gescheiterte oder kümmerliche Laufbahnen sehen wir überall, weil die Menschen es nicht der Mühe wert hielten, sich auf ihren Beruf gründlich vorzubereiten! Sie glaubten, ein wenig oberflächliche Ausbildung im Allernötigsten sei genug. Die Notwendigkeit, breite und feste Grundlagen zu legen, war ihnen nicht aufgegangen, denn sie sahen das Leben nicht als Ganzes.

Wenn der Sommer dir eine reiche goldene Ernte bringen soll, musst du beizeiten den Boden bestellen und für eine gute Aussaat sorgen.

Auch vom Leben kannst du nichts ernten, was du nicht selbst gesät hast, ebenso wenig wie du Geld erheben kannst von einer Bank, der du keines übergeben hast.

47. FEINDE DER LEBENSKRAFT

Wer den größten Gewinn aus seinem Leben ziehen will, der muss es lernen, sich vernünftig zu pflegen, das soll heißen: er darf nicht vergessen, dass, während er jeden Nerv aufs äußerste anspannt, um das Höchste zu erreichen, sein Erfolg doch in erster Linie davon abhängt, ob er der Betriebsmaschine, seinem Körper, auch die nötige Sorgfalt angedeihen lässt.

Viele sogenannte erfolgreiche Menschen haben keinen größeren Feind als sich selbst. Es würde ihnen nicht im Traum einfallen, einem Pferd oder einem andern stummen Tier das zuzumuten, was sie von ihrem eigenen Körper verlangen. Sie essen nicht ordentlich, halten keine regelmäßigen Mahlzeiten ein und gönnen sich weder genügend Schlaf noch Erholung. So schlagen sie jedem Naturgesetz ins Gesicht, und dann wundern sie sich noch, warum sie so früh altern und ihre Kraft vor der Zeit verlieren! Sie können nicht begreifen, warum ihr Ehrgeiz und ihr Streben, weiterzukommen, nicht der alleinige Maßstab ihrer Kraft sein sollte, und so fahren sie fort, ihr Gehirn zur Arbeit zu zwingen, wenn die in den letzten vierundzwanzig Stunden aufgespeicherte Nervenkraft bis auf den letzten Rest erschöpft ist.

Keinem verständigen Arbeiter würde es je einfallen, abgenutzte Werkzeuge zur Arbeit zu gebrauchen. Wie würde es wohl einem Barbier ergehen, der es versuchte, ein erstklassiges Geschäft mit stumpfen Rasiermessern zu betreiben, oder einem Tischler, der mit stumpfen Sägen, Meißeln und Hobeln seine Arbeit liefern wollte?

So mancher hat es bei wundervoller natürlicher Begabung doch nur zu mittelmäßigen Leistungen gebracht, weil er seine Betriebsmaschine, den Körper, vernachlässigt und es versäumt hat, sie genügend zu ölen und in Gang zu halten. Tausende sterben enttäuscht und um all ihre Hoffnungen betrogen, da sie es nicht fertig brachten, auch nur ein Zehntel von dem, was sie vorhatten und nach ihren Fähigkeiten auch wohl hätten erreichen können, durchzuführen. Und warum? Aus dem einen Grund, dass sie sich nicht vernünftig pflegten. Durch ihren übermäßigen Ehrgeiz, reich oder berühmt zu werden, alle Mitbewerber zu übertreffen, verdarben sie sich selbst ihre Möglichkeiten, verbrauchten ihre ganze Nervenkraft und waren wie ausgemergelt und zermürbt zu einer Zeit, wo sie körperlich und geistig auf der Höhe ihrer Kraft hätten stehen sollen.

Wenn wir der Frage, was unser Körper braucht, ebenso viel Sorgfalt widmen wollten, wie der, was die Pflanzen in unserm Garten brauchen, und wenn wir die so erkannten Bedürfnisse mit der richtigen Menge und Auswahl der Nahrung in Verbindung mit recht viel Wasser, Luft und Sonne befriedigten, so bräuchten wir uns nicht mit verdorbenem Magen, Verdauungsbeschwerden, Kopfweh und dergleichen zu quälen. Bei Anwendung des gesunden Menschenverstandes auf Nahrung und Lebensweise, vor allem bei möglichster Einfachheit des Lebens brauchten wir überhaupt nie zu Arzneimitteln zu greifen. Aber in Wirklichkeit ist die Art, wie viele leben, geradezu ein Verbrechen.

Unendlich viele an sich verständige Menschen bringen sich selbst um die nötige kräftigende Nahrung, weil sie sparen wollen. Sie verzehren stehend irgendwo hastig ein Butterbrot und stürzen ein Glas Milch hinunter, anstatt, wie sie es ihrem Wohlbefinden schuldig wären, in ein gutes Gasthaus zu gehen und dort in aller Ruhe ein nahrhaftes, gut gekochtes und nett angerichtetes Mahl zu sich zu nehmen, das der Magen verdauen kann, ehe die Arbeit wieder anfängt.

Ein solches Verfahren ist nicht nur keine Sparsamkeit, sondern die übelste Art von Verschwendung. Wer im Leben Erfolg haben möchte, der kann durch nichts besser sparen, als dass er in seinem Körper einen möglichst großen Vorrat von Lebens- und Tatkraft aufspeichert, die ihm zum Ziel hilft. Sich aber die Nahrung zu versagen, die diese Zauberkraft verleiht, hieße die Gans töten, die goldene Eier legt.

Geistige und körperliche Kraft ist das Kostbarste, was wir besitzen, und wir sollten um jeden Preis trachten, sie uns zu erhalten. Mit andern Worten: was uns irgendwie dazu verhilft, schneller und besser im Leben vorwärtszukommen, sollte uns, können wir es nur irgend erschwingen, nie zu teuer sein. Viele Menschen hemmen ihre Kräfte und Fähigkeiten dadurch, dass sie sich alles versagen, was das Leben harmonisch und behaglich macht.

Würde man nicht den Mann für geisteskrank halten, der, wenn er einen großen Behälter mit kostbarem Lebenselixir besäße, hinginge und ihn überall anbohrte und das kostbare Nass entrinnen ließe? Und doch ist's gerade das, was Tausende von uns tun. Wir alle besitzen anfangs einen großen Behälter voll Lebenskraft, und dann lassen wir das meiste davon entrinnen durch Löcher und Ritzen, die wir ihm durch Nachlässigkeit und Unwissenheit beigebracht haben. Unser Leben lang verschwenden wir bald hier, bald dort Kraft und Energie und verstopfen selbst die Quelle, aus der uns Hilfe bei unsrer Arbeit zuflösse; und dann wundern wir uns noch, warum der Erfolg ausbleibt. Mangel an Schlaf, an Bewegung im Freien, an guter kräftiger Nahrung und erfrischendem Verkehr mit Freunden, zu viel Arbeit oder Arbeiten ohne innere Freude – das alles sind die Löcher und Ritzen, durch die unsre Kraft uns entrinnt, die Kraft, die uns allein befähigt, Großes zu schaffen.

Viel kostbare Energie wird auch verschwendet, wenn du dir Kummer und Sorgen machst, krittlig und tadelsüchtig bist und dich all den Reibungen und Verdrießlichkeiten aussetzt, bei denen gar nichts herauskommt, als dass du reizbar und leistungsunfähig wirst. Überlege dir einmal, wo gestern deine Energie hingegangen ist, wie viel davon für Kleinigkeiten oder gar für lasterhafte Angewohnheiten draufging. Vielleicht hat dich ein Anfall von Zorn oder Leidenschaft mehr Energie gekostet, als deine ganze Tagesarbeit verbraucht hat.

Wenn du etwas Rechtes aus dir machen willst, so musst du dich um jeden Preis freimachen von allem, was deine Lebenskraft schwächt und deine Energie lähmt. Schleppe dich nicht mit einem Körper herum, der aufs Äußerste geschwächt ist durch schlechte Gewohnheiten, die ihm alle Lebenskraft rauben. Halte dich fern von allem, was dich daran hindert, alle Möglichkeiten des Vorwärtskommens auszunützen. Frage dich vielmehr bei allem, was du tust, ob es zur Lösung deiner Aufgabe beiträgt, ob es deine Kräfte erhöht und dich fähig macht, dein Bestes zu leisten.

48. WERT DER ERHOLUNG

„Und frische Nahrung, neues Blut
Saug' ich aus freier Welt;
Wie ist Natur so hold und gut,
Die mich am Busen hält!"
Goethe.

Alle Arzneien unsrer Apotheken, alle Sanatorien und Ärzte der Welt können nicht die Wunder vollbringen, die die Natur jährlich an Millionen unsrer Stadtbewohner vollzieht, die in Scharen aufs Land strömen, um frische Kräfte zu sammeln.

Sieh dir nur einmal den Geschäftsmann an, wenn ein schweres Arbeitsjahr hinter ihm liegt! Wie reizbar und unerträglich wird er, wenn er an den langen heißen Tagen immer noch im Laden in der Stadt schwitzen muss! Oder den Schriftsteller, der seit Monaten auf seine Nerven „losgearbeitet" hat! Seine Feder will nicht mehr von der Stelle, Körper und Geist versagen und gehorchen den Befehlen seines Willens nicht mehr. Dasselbe Bild bietet der vielbeschäftigte Rechtsanwalt oder Arzt: Erschöpfung malt sich deutlich auf seinen Zügen; nur Willenskraft hält ihn noch aufrecht, aber die Natur ruft laut nach Ersatz für übermäßigen Kraftverbrauch. Ebenso ist's bei der geschäftigen Hausfrau und Mutter, die tagaus, tagein, in zwölf Monaten in die Enge des Hauses eingeschlossen war, nur dem Wohl der Familie lebend. Müde und zermürbt von all den unaufhörlichen kleinen Plagen und Sorgen, die auch der besten, schaffensfreudigsten Hausfrau nicht erspart bleiben, hat sie es bitter not, sich eine Weile der Rast und Ruhe bei der großen Mutter Natur zu gönnen. Und hast du den blassen Studenten gesehen, wie er über seinen Büchern sitzt, oder den Angestellten, wie müde er seine Zahlenreihen zusammenhält oder hinter dem Ladentisch steht? Lassen sie nicht den Kopf hängen wie Pflanzen nach einer langen Dürre? Kurz, sieh dich in den Straßen unsrer Großstädte um: jeder Arbeitende, wes Berufs er sei, lechzt und schmachtet nach einem Labetrunk aus Wald und Feld.

Die Klugen unter diesen erschöpften Arbeitern versuchen sich um jeden Preis eine Ferienzeit zu verschaffen. Nach zwei, drei Wochen oder Monaten kehren sie zurück, wie umgewandelt! Buchstäblich neugeboren sind sie. Verjüngt, erfrischt, voll neuer Hoffnung, neuer Pläne, mit neugeschärftem, kühnerem Blick ins Leben – sie haben ja aus dem Urquell aller Kraft getrunken – so nehmen sie ihre verschiedenen Pflichten wieder auf, die ihnen nun nicht mehr eine Last, sondern eine wahre Lust sind.

Wie könnte man seine Zeit wohl vorteilhafter verwenden als dazu, sich eine festere Handhabung seiner Geschäfte, vermehrte Fähigkeit, den Aufgaben des Tages gerecht zu werden, einen zuversichtlicheren Standpunkt dem Leben gegenüber und eine erneute Kraft des Vollbringens in jeder Faser des Wesens zu erwerben?

Wenn mir jemand sagt, er könne sich keine Ferienzeit leisten, zwingt er mich zu der Annahme, dass es bei ihm irgendwo nicht stimmt. Entweder ist er seinem Geschäft nicht gewachsen, ist unfähig, sich in andern zu verdoppeln und das Ganze so zu organisieren, dass es sich auch während seiner Abwesenheit in voller Ruhe abwickelt, oder aber er ist zu kleinlich und geizig, um sein Jahreswerk, die Geldanhäufung, auch nur auf ein paar Wochen zu unterbrechen. Natürlich, wenn er ohne jeden Plan arbeitet, wenn alles ins Stocken gerät, sobald er seinen Laden, seine Fabrik oder sein Lager verlässt, dann kann seine Abwesenheit schlimme Folgen haben. Ist er aber ein guter Geschäftsmann im wahren Sinn des Wortes, versteht er es, planmäßige Anordnungen zu geben und sie von andern ausführen zu lassen, so wird eine Ferienzeit ihm zur besten Kapitalanlage, denn stärker und leistungsfähiger wird er in sein Geschäft zurückkehren.

Fort mit der falschen Vorstellung, du könntest dir keine Ferien leisten! Das ist ein großer Irrtum! Im Gegenteil, deine Ferien können dir sogar ungeheuer viel einbringen und dir für dein Geschäft von größerem Wert sein als irgendeine andre Zeit des Jahres, die du auf andre Weise verbringst, ganz zu schweigen von deiner durch gekräftigte Gesundheit erhöhten Lebensfreude.

Schon manchen haben sie lange vor der Zeit zu Grabe getragen, nur weil er seine Ferien immer wieder hinausschob, bis er sie sich wirklich „leisten“ könne. Andre sind mit zerrütteten Nerven infolge geistiger Überanstrengung und körperlichen Zusammenbruchs in Krankenhäusern, Sanatorien und Irrenanstalten, weil sie glaubten, sie könnten sich nicht jedes Jahr ein paar Wochen Erholung gönnen.

Auch im Hinblick auf den Charakter können Ferien nur segensreich wirken. Auch der beste Mensch der Welt kommt herunter, wenn er körperlich und geistig erschöpft ist und dennoch versucht, weiterzuarbeiten. Dein Gehirn meldet dir nicht umsonst mit untrüglichen Zeichen, wenn es Ferien nötig hat. Du kannst dich nicht mehr darauf verlassen und kennst dich selbst nicht wieder, wenn du bei der geringsten Kleinigkeit in Zorn gerätst und alle Selbstbeherrschung verlierst, wenn du dich zu einer Arbeit, die dir sonst die größte Freude machte, mit aller Gewalt zwingen musst und wenn dein ganzes Wesen gedrückt und reizbar wird. Alles frohe Streben, jegliche Begeisterungsfähigkeit verlässt dich, matt und unlustig quälst du dich durch den Tag.

Was auch dein Beruf sei, ob du am Schreibtisch, im Laden oder in einer praktischen Tätigkeit arbeitest, diese Zeichen darfst du nicht übersehen! Durch sie mahnt dich die Natur, dass du aufhören oder die Folgen tragen musst. Schlägst du ihre Warnungen in den Wind, musst du es büßen, und sei es mit dem Leben! Ob König oder Bettler, es gilt ihr gleich. Darum höre auf die Stimme der Natur, lass es dir gesagt sein: warnt sie dich auch ein paarmal, schließlich fällt sie doch ihren Richterspruch, und dann gibt es keine Gnade!

Selbstbildung und Erfolg

49. TÄGLICHE SELBSTVERVOLLKOMMNUNG

Es gibt so viele Menschen, die ihr Leben lang in untergeordneten Stellungen bleiben müssen, nicht, weil es ihnen an Verstand fehlt, sondern weil sie sich nicht genügend Bildung verschafft haben. Sie haben nie versucht, sich selber weiter zu bringen. Ihr Wochenlohn am Sonnabend und dann ein vergnügter Tag – weiter reichten ihre Bedürfnisse nicht, und der Erfolg war eine engbegrenzte, aussichtslose Laufbahn.

Wer nur einen kleinen Bruchteil seiner Fähigkeiten verwertet und die übrigen durch Mangel an Selbstdisziplin und Weiterbildung brachliegen lässt, arbeitet stets mit Nachteil. Mancher, der nach seinen Anlagen imstande wäre, Inhaber eines Geschäfts zu sein, muss oft ein ganz untergeordneter Angestellter bleiben, weil ihm jegliche Ausbildung fehlt.

Wissen ist Macht. Wie klein auch dein Einkommen ist, es gibt noch viele Mittel, dir vorwärts zu helfen: alles was du lernst, jedes gute Buch, das du liest, alles, was dich größer und stärker macht. Ich habe es erlebt, dass junge Leute, die für wenig Geld angestrengt arbeiteten, in ihrer Freizeit durch eigene Weiterbildung mehr für ihr Fortkommen taten als durch ihre berufliche Arbeit. Ihr Gehalt stand in keinem Verhältnis zu ihren geistigen Fortschritten.

Je mehr man spart, desto mehr Aussicht hat man, reich zu werden. Je mehr man lernt, desto mehr Bildung erwirbt man sich. Jede neue Kenntnis, die du in deinem Wissensschatz aufspeicherst, macht dich innerlich um so und so viel reicher. All diese kleinen „Spareinlagen" steigern deinen Wohlstand – steigern deine Fähigkeiten und sind dir die beste Hilfe im Wettkampf des Lebens.

Ich kenne einen jungen Mann, der viel zu Land und zu Wasser reist. Stets hat er etwas Gutes zum Lesen bei sich, einen Klassiker in der Miniaturausgabe, oder irgendwelche Unterrichtsbriefe, und so benutzt er jeden freien Augenblick, den die meisten Leute vertrödeln, zu seiner Weiterbildung. Infolgedessen ist er auf vielen Gebieten sehr beschlagen und wohl belesen in Geschichte und Literatur, in Naturwissenschaften und andern wichtigen Wissenszweigen. Was er sich so nebenbei, in seiner Mußezeit, erworben hat, sollte allen denen ein steter Vorwurf sein, die ihre Zeit mit Nichtstun oder noch Schlimmeren als Nichtstun vergeuden.

Sage mir von einem jungen Mann, wie er seine Abende verbringt und womit er seine freien Augenblicke ausfüllt, dann will ich dir seine Zukunft voraussagen.

Man könnte mit demselben Recht sagen, es habe keinen Zweck, von seinem kleinen Einkommen etwas zu ersparen, denn reich könne man dabei doch nicht werden, so sei es ebenso gut, alles gleich auszugeben, wie behaupten, es sei nicht möglich, sich in kurzen Freistunden eine richtige Ausbildung zu verschaffen. Aber bedenkst du auch, dass Hunderte von strebsamen jungen Leuten in ihren freien Augenblicken oder an den langen Winterabenden sich eine Bildung angeeignet haben, die jeder Schulbildung gleichkommt?

Noch niemals war gute Ausbildung des Geistes so viel wert wie heute, noch nie hat der Satz so sehr gegolten, dass Wissen Macht ist. Der Wettbewerb ist heute so stark, der Kampf im Leben so heftig, dass deine geistige Rüstung gar nicht stark genug sein kann. Das Größte, was du leisten kannst, ist die Steigerung deines eigenen Wertes.

Das Unglück ist nur, dass die meisten das Große gleich auf einmal vollbringen wollen. Aber nur wenn wir ohne Unterlass danach ringen, hier ein wenig größer, dort ein wenig weitblickender zu werden und den Gesichtskreis dessen, was wir nicht wissen, ein wenig weiter hinauszurücken, indem wir gute Bücher lesen oder uns auf andre Weise weiterbilden – nur so kommen wir vorwärts.

Was für eine wundervolle Gelegenheit bietet sich dir, all deine freien Augenblicke in Wissen umzusetzen, das gleichbedeutend ist mit innerem Wachstum, geistigem Fortschritt, Macht und Reichtümern, die dir kein Unglück rauben, kein Schicksalsschlag zerstören kann! Willst du, wie viele andre, an solcher Gelegenheit achtlos vorübergehen?

Es gibt nichts Schmerzlicheres als die Beobachtung, wie viele junge Leute gedankenlos durchs Leben gehen, oberflächlich lesen und oberflächlich denken, ohne je einen tieferen Zweck zu verfolgen, anstatt aus jeder Unterhaltung, aus Zeitungen, Zeitschriften und Büchern wertvolles Wissen zu schöpfen. Sie machen sich eben nicht klar, dass sie kostbares Gut vergeuden, das für andre den höchsten Wert besitzt und das ihnen, wenn sie es nur auszunützen verständen, ihr eigenes Leben unendlich bereichern könnte!

50. SELBSTBILDUNG DURCH BÜCHER

Ein Haus ohne Bücher und Zeitschriften kommt uns heute vor, wie wenn es keine Fenster hätte. Die Kinder lernen am besten lesen, wenn sie von Büchern umgeben sind, und wenn sie die nur in die Hand nehmen, so eignen sie sich unbewusst eine Menge Kenntnisse an. Eine Familie ohne Bücher ist heutzutage etwas Undenkbares, und Büchersammlungen gelten nicht mehr als Luxus, sondern als Notwendigkeit.

Eines der wichtigsten Bildungsmittel, das man in der Jugend mitbekommen kann, ist die Bekanntschaft mit Büchern aus verschiedenen Gebieten. Die Fähigkeit, aus einer Sammlung von Büchern das herauszufinden, was für uns brauchbar und nützlich ist, hilft uns im Leben unermesslich viel. Sie ist auch das beste Rüstzeug für jeden, der mitarbeiten möchte an dem großen Werk der Kultur. Der Präsident der Yale-Universität, Hadley, sagt, ihm hätten Männer aus allen möglichen Berufen, aus Handel, Verkehrswesen und Fabrik gesagt, was sie eigentlich von den hohen Schulen wollten, das seien junge Männer, die sich dort die Fähigkeit erworben hätten, Bücher richtig auszuwählen und richtig auszunützen. Er fügt hinzu, die Anfänge dieser Kenntnis erwerbe man sich am leichtesten und am besten im Elternhaus, wenn das ordentlich mit Büchern versehen ist.

Es ist erstaunlich, wie viel ein aufgewecktes Kind sich aus guten Büchern aneignet, wenn es gleichsam in ihrer Mitte aufwächst, sie oft in die Hand nehmen kann und mit ihren Einbänden und Titeln vertraut wird. Kinder, die von guten Wörter- und Nachschlagebüchern, mit Geschichtswerken und andern nützlichen Büchern aller Art umgeben sind, können sich unbewusst und ohne große Kosten eine Menge Bildung aneignen und in freien Augenblicken, die sie sonst vertrödeln, auf eigene Faust manches lernen, was sie auf Schulen, Hochschulen und Universitäten nur für den zehnfachen Preis der Bücher lernen könnten. Außerdem verschönern und beleben gute Bücher jedes Haus und machen es den Kindern heimisch, so dass sie gern zu Hause bleiben, während die, denen daheim nichts geboten wird, sich nur danach sehnen, hinauszukommen und draußen dann allen möglichen Versuchungen und Gefahren preisgegeben sind.

Ist nicht das Heim des Kindes der gegebene Ort dazu, um ihm die grundlegende Erziehung fürs ganze Leben angedeihen zu lassen? Hier bilden wir die Gewohnheiten aus, von denen später unser Fortkommen abhängt und die wir unser ganzes Leben lang beibehalten. Hier sollte deshalb auch jeder zu regelmäßiger und ausdauernder geistiger Arbeit erzogen werden.

Trage meinetwegen einen fadenscheinigen Rock und geflickte Schuhe, wenn es sein muss, aber spare nicht beim Anschaffen von Büchern. Kannst du deine Kinder in keine höhere Schule schicken, so kannst du ihnen doch einige gute Bücher in die Hand geben, durch die sie lernen, über ihre jetzige Lage hinauszukommen.

Von Henry Clays Mutter erzählt man sich, sie habe ihrem Sohn Bücher gekauft von dem Geld, das sie sich als Waschfrau sauer verdiente.

Ich kenne eine Familie, die es sich, Eltern und Kinder, zur Regel gemacht hat, jeden Abend eine bestimmte Zeit zum Lesen oder zu irgendwelcher persönlichen Weiterbildung zu verwenden. Nach dem Essen ruht jeder erst aus: man spielt und tollt umher und vergnügt sich eine Stunde lang nach Herzenslust. Wenn dann die Zeit zur Arbeit kommt, wird das ganze Haus so still, dass man eine Stecknadel fallen hören könnte. Jeder begibt sich auf seinen Platz, liest, schreibt oder lernt, kurz, ist mit irgendeiner geistigen Arbeit beschäftigt. Wenn jemand nicht zum Arbeiten oder Lesen aufgelegt ist, so muss er sich wenigstens still verhalten, um die andern nicht zu stören.

So herrscht vollste Harmonie und Übereinstimmung – die denkbar günstigste Vorbedingung für fruchtbares Studium. Alles, was den Geist stören oder ablenken, oder den Gedankenfluss unterbrechen könnte, wird sorgfältig vermieden. In einer einzigen solchen Stunde ruhigen ununterbrochenen Arbeitens lernt man mehr als in zwei oder drei, in denen man unaufhörlich unterbrochen wird.

Ich weiß aber auch von traurigen Fällen, wo strebsame junge Menschen, die sich nur zu gern unterrichten und weiterbilden wollten, daran verhindert wurden durch die schlechten Gewohnheiten in ihrer Familie, wo niemand an so etwas dachte und man lieber den ganzen Abend mit unnützem Geschwätz hinbrachte und höchstens Schundgeschichten las; da wurden denn auch die strebsamen Kinder so lange gestört oder ausgelacht, wenn sie etwas Besseres treiben wollten, bis sie schließlich aufgaben.

Wie viel Zeit, die er noch nützlich anwenden könnte, verschwendet auch der Fleißigste! Wie manche Hausfrau, die vom Morgen bis zum Abend geschäftig arbeitet, ist überzeugt, sie habe keine Zeit zum Lesen – und doch, wenn sie ihre Arbeit mit mehr Plan und Berechnung triebe, fände sie zu ihrem eigenen Erstaunen noch eine ganze Menge Zeit dazu.

„Die Ordnung lehrt uns Zeit gewinnen", heißt es schon im Faust, und so viel müssen wir doch zum mindesten fertig bringen, dass wir unser Leben so einrichten, dass uns Zeit zur Selbstbildung übrig bleibt. Die meisten Menschen meinen freilich, daran dürfe man erst denken, wenn alles andre getan sei.

Charles W. Eliot, früher Präsident der Harvard-Universität, sagt: „Gewöhne dir an, jeden Tag zehn Minuten lang etwas Gutes zu lesen. Diese zehn Minuten täglich machen dich in zwanzig Jahren zu einem gebildeten Menschen, vorausgesetzt, dass es nur gute Bücher sind, die du so liest. Unter guten Büchern verstehe ich hier solche, die durch allgemeines Urteil als die besten aller Zeiten festgestellt sind: Erzählungen, Gedichte, Sachbücher und Lebensbeschreibungen."

Wenn wir irgendeine besondere Liebhaberei haben, finden wir bekanntlich immer Zeit, uns ihr zu widmen. Wenn unsre Liebhaberei also darin bestünde, Kenntnisse zu erwerben und unsre Weiterbildung zu betreiben, so fänden wir sicher auch Zeit und Gelegenheit dazu. „Wo euer Schatz ist, da ist auch euer Herz", heißt es in der Bibel; wo ein Wille ist, da ist ein Weg, und wohin unser Streben geht, dazu finden wir auch Zeit.

51. SPÄTE SELBSTBILDUNG

Lass den Mut nicht sinken, wenn du in mittleren Jahren noch keine rechte Bildung besitzt. Ich kannte einen Mann, der einem trägen, liederlichen Landmann seinen Hof abkaufte. Es war Ende Mai, als er den Besitz antrat, und noch war auf dem Acker weder gepflügt noch gesät worden, nur etwas Gemüseland hatte der frühere Besitzer bestellt. Die Nachbarn rieten dem neuen Besitzer, den Acker in diesem Jahr nur noch als Gartenland zu benutzen, denn der Frühling sei vorüber und für eine Aussaat sei es viel zu spät. Aber er war ein kluger Kopf und wusste sich einen besseren Rat: er wählte eine späte Getreidesorte, die erst im Spätherbst reift, und erzielte mit ihr eine ganz ansehnliche Ernte – eine bessere sogar als mancher seiner klugen Nachbarn, die es für töricht hielten, so spät überhaupt noch an eine Aussaat zu denken. Und wie in diesem Fall, so geht es sehr häufig im Leben.

Wenn du wirklich danach strebst, das Beste aus dir zu machen, und ganz besonders, wenn du dich bemühst, die Lücken in deiner Bildung auszufüllen, vergiss nie, dass jeder Mensch, mit dem du zusammenkommst, dir dabei helfen kann. Lernst du einen Drucker kennen, lass dich von ihm in seiner Kunst unterrichten; auch ein Maurer kann dir vieles sagen, was du noch nicht wusstest, und der Durchschnittsbauer ist meist sehr erfahren in Dingen, die dir oft erstaunlich fremd sind.

Nur dadurch, dass man aus jeder Quelle schöpft, verschafft man sich eine umfassende Bildung, und nur einer solchen verdankt man es, wenn man weitherzig und mitfühlend, statt eng und verknöchert im Leben steht. Wer Wissen sammelt, wo er kann, dem bietet das Leben viele Anhaltspunkte: überall findet er Anregung, und dank seiner mannigfachen Erfahrungen wird er auch selbst als anregender Mensch gelten.

Menschen, die keine akademische Bildung besitzen, neigen leicht dazu, die Vorzüge einer solchen zu überschätzen. Wen die Verhältnisse zwangen, früh von der Schule abzugehen und auf die Universität zu verzichten, der meint wohl, der Verlust sei unwiederbringlich, sein Leben habe eine unausfüllbare Lücke, und das, was ihm mit der akademischen Bildung verloren gegangen, lasse sich durch nichts ersetzen, denn Selbststudium aus Büchern könne ihn doch nicht auf die gleiche Höhe bringen. Dabei vergisst er aber ganz die Tatsache, dass viele unsrer gebildetsten, geistig höchststehenden Männer und Frauen nie eine Universität – ja, viele von ihnen nicht einmal eine höhere Schule besucht haben.

Ich kenne einen jungen Mann, der nur die allergeringste Schulbildung genossen und sich trotzdem durch fleißiges Lesen guter Geschichtswerke und Lebensbilder zu einem vorzüglichen Geschichtskenner entwickelt hat.

Auch sonst erweckt er den Eindruck, als hätte er eine gute Schule durchgemacht: dank seinem vielen Lesen ist seine Sprache ausgezeichnet, obwohl er keine Grammatikregeln kennt, und er hat sich so sehr an die Ausdrucksweise guter Schriftsteller gewöhnt, dass er sich unbewusst ihren Stil zu eigen gemacht hat, auch in der Unterhaltung selten einen Fehler macht. Warum sollte, was diesem Mann möglich war, nicht auch andern möglich sein, umso mehr, als man heutzutage durch Unterrichtsbücher aller Art noch ganz andre Mittel zum Selbststudium an der Hand hat!

Auch die Handels- und Fortbildungsschulen sind eine vorzügliche Einrichtung, durch die man sich in seiner freien Zeit mit Leichtigkeit eine gute Ausbildung verschaffen kann. Tausende, die Kurse an diesen Schulen durchgemacht haben, verdanken den dort erworbenen Kenntnissen ihren ganzen geschäftlichen und gesellschaftlichen Erfolg.

Leider sind viele Erwachsene der Meinung, wenn sie erst über die empfänglichen Jugendjahre hinaus seien, könnten sie doch nicht mehr viel erreichen, denn dann sei es zu spät, um das Versäumte nachzuholen.

Aber es ist eines der schönsten und erhebendsten Schauspiele, wenn man sieht, wie ein erwachsener Mensch jede Gelegenheit benutzt, um die früher versäumte Ausbildung nachzuholen, wie er mit heiligem Eifer seine kurzen Freistunden dazu verwertet, um sich zu einem größeren und innerlich reicheren Menschen zu machen.

Du darfst dich nicht entmutigen lassen, wenn du merkst, dass es dir schwer wird, jetzt noch das eigentliche Schulwissen deinem Gedächtnis einzuprägen. Die Bildung umfasst ein weites Feld, und es gibt sicher vieles, was du jetzt sogar besser fassen kannst als es dir in deiner Jugend möglich gewesen wäre. Dein Geist ist reifer, deine Urteilskraft geschärft, und du bist dir klarer über den Wert der Zeit. Eine Gelegenheit zur Weiterbildung bedeutet dir jetzt umso mehr, weil du früher schmerzlich unter dem Mangel an solcher Gelegenheit gelitten hast.

Ich habe Menschen gekannt, die in der Schule eine recht klägliche Rolle spielten und mit Büchern nicht viel anzufangen wusste; später aber – in der Erkenntnis, wie sehr sie durch die Lücken ihrer Bildung behindert seien, und in dem Bemühen, sie auszufüllen – entwickelten sie eine ganz erstaunliche Schnelligkeit im Einsammeln von Kenntnissen.

Tatsächlich ist ja das ganze Leben eine glänzende Schule, denn Menschen, Dinge und Erfahrungen sind die besten Lehrmeister der Welt. Jeden Tag, ja jede Minute können wir etwas lernen, wenn wir Augen und Ohren offen halten. Die so erworbenen Kenntnisse aber werden uns zu einer höheren Form von Wissen, wenn wir sie in unsern Mußestunden selbständig geistig verarbeiten.

Vom rechten Denken

52. GEISTIGE CHEMIE

Der Mensch allein ist wahrhaft groß der sein Geistes- und Gemütsleben wahrhaft beherrscht und seine Stimmungen nach seinem eigenen Willen regeln kann, der genug von der geistigen Chemie versteht, um jeden üblen Gedanken mit dem Gegenmittel des entgegengesetzten Gedankens zu überwinden. Wie der Chemiker eine Säure durch ein alkalisches Mittel in ihrer schädlichen Wirkung hemmen kann, während der Unwissende vielleicht gar noch eine andre Säure anwenden wollte, die das Übel nur ärger macht, so versteht der „geistige Chemiker“ die zerstörenden Wirkungen niederdrückender Gedanken zu beseitigen, indem er das Gegenmittel, frohe Gedanken, in Anwendung bringt. Er weiß, dass schwarzseherische Gedanken durch hoffnungsvolle überwunden werden, dass Missklang durch Harmonie aufgelöst wird, dass der Gesundheitsgedanke den Krankheitsgedanken austreibt, dass Liebe tödlich ist für Hass, Eifersucht und Rachsucht. Er quält sich nicht lange mit solchen üblen Zuständen, denn er hat das geistige Heilmittel immer bei der Hand, mit dem er sie sofort beseitigen kann.

Die meisten lassen dagegen ihren Geist viel zu lange in dem vergifteten Zustand beharren und leiden unsäglich darunter; aber die Zeit ist nicht mehr fern, wo es zur allgemeinen Bildung und Kenntnis gehören wird, diese Heilmittel zu kennen.

Es ist ebenso leicht, einen peinlichen, widerwärtigen und schlechten Gedanken durch den entgegengesetzten, der beständig festgehalten wird, zu überwinden, wie heißes Wasser mit kaltem zu kühlen. Wir werden bald imstande sein, den Wärmegrad unsres Geistes so genau zu regeln, wie den des Wassers. Der Hass kann keinen Augenblick dauern in Gegenwart der Liebe.

Die meisten Menschen geben sich vergebliche Mühe, das Schlechte unmittelbar aus ihrem Geist auszutreiben, weil sie nicht die entgegengesetzten Gedanken als Gegenmittel anwenden. Das ist so unpraktisch, als wenn man irgendein besonderes Mittel anwenden wollte, um die Dunkelheit aus einem Raum hinauszutreiben: man lässt einfach Licht einströmen, dann verschwindet die Dunkelheit von selbst.

Viele Menschen sind der Meinung, Gedanken könnten höchstens auf das Gehirn einwirken: aber es ist Tatsache, dass wir mit dem ganzen Körper denken. Die Tatsache, dass die Blinden ein unglaublich feines Unterscheidungsvermögen in den Fingerspitzen entwickeln, ist ein Beweis dafür.

Der menschliche Körper ist aus lauter Zellen aufgebaut: wir sind nichts als eine Masse Zellen von zwölf verschiedenen Arten, Gehirnzellen, Knochenzellen, Muskelzellen usw. Der höchste Grad von Gesundheit und Kraft beruht auf der vollständigen Unversehrtheit all dieser Zellen.

Die Billionen Zellen, aus denen unser Körper besteht, stehen unter sich im engsten Zusammenhang: was einer schadet oder nützt, schadet oder nützt allen, und so wird jede Zelle geschädigt oder gefördert je nach der Art unserer Gedanken.

Es ist durch Versuche festgestellt, dass wir für jeden Gedanken, der uns unglücklich oder schlecht macht, sofort durch eine Schädigung unsres Zellenlebens büßen müssen, und dass es oft wochenlang dauert, bis unsre Nervenzellen sich von einem Zornanfall wieder erholen. Gesunde, hoffnungsvolle, frohe, mutige, erhebende Gedanken fördern das Zellenleben des ganzen Körpers, während die entgegengesetzten es schädigen: die einen wirken aufbauend, die andern zerstörend.

Die Versuche von Professor Elmer C. Gates haben gezeigt, dass Zorn, Übelwollen oder Niedergeschlagenheit schädliche Stoffe im Körper erzeugen, von denen einige in hohem Grad giftig sind, dass dagegen angenehme und glückliche Gefühle chemische Stoffe von großem Nährwert hervorbringen, die die Zellen zu erhöhter Arbeitsleistung veranlassen. Professor Gates sagt: „Zu jeder unangenehmen Stimmung oder Leidenschaft gehört eine begleitende chemische Änderung in den Geweben des Körpers, jedes angenehme Gefühl dagegen löst eine lebensfördernde Veränderung im Körper aus. Jeder Gedanke, der durch den Geist zieht, hinterlässt eine Spur im Gehirn in Gestalt einer Veränderung der Zellen, die körperlicher Art und mehr oder weniger bleibend ist."

Wie es kein noch so schmutziges Wasser gibt, das nicht chemisch wieder rein gemacht werden könnte, so ist auch kein menschlicher Geist so schmutzig oder so sehr von schlechten Gedanken und Gewöhnungen vergiftet, so mit Laster gesättigt, dass er nicht durch rechtes Denken wieder rein gemacht werden kann, indem die der Verderbnis entgegengesetzten Gedanken erweckt werden.

Bedenke also, dass jede krankhafte Stimmung ein Anzeichen dafür ist, dass dein Geist vergiftet ist, und vergiss nicht, dass du das Heilmittel, den entgegengesetzten starken Gedanken, jederzeit zur Verfügung hast.

Jeder wahre, schöne und gute Gedanke prägt dem Geist, in dem er lebt, seine Spur auf, reinigt und erhöht ihn. Wenn solche Gedanken den Geist erfüllen, so können die entgegengesetzten ihr schädliches Werk gar nicht beginnen, denn beide können nicht zusammenwohnen, die einen schließen die andern aus.

Glücklich der Mensch, der das Geheimnis dieser geistigen Selbstheilung früh kennenlernt und die unschätzbare Kunst versteht, die rechten Gedanken in seinem Geist zu erwecken und aufrecht zu erhalten: damit wird er Meister über alle Lebensumstände, die ihn sonst verhindern würden, sein höchstes Ziel zu erreichen.

53. „SORGET NICHT“

Was haben die Menschen nicht alles unter dem Druck der Sorge getan! Allen möglichen Lastern haben sie sich ergeben, zu Trunkenbolden, Giftmischern sind sie geworden, sie haben ihre eigene Seele verkauft – nur um diesem Ungeheuer zu entrinnen.

Kein noch so kluger Mensch kann ganz ermessen, wie weit der schädigende, zerstörende Einfluss der Sorge reicht. So manchen hochbegabten Menschen hat sie gezwungen, Mittelmäßiges zu leisten, und sie hat mehr gescheiterte Laufbahnen, zerbrochene Herzen und vernichtete Hoffnungen auf dem Gewissen als irgendein andres Übel, solange die Welt besteht.

Die Arbeit selbst tötet kaum je einen Menschen, aber die Sorge hat schon tausende getötet. Nicht das schädigt uns, dass wir eine Arbeit tun, sondern nur die Sorge, dass und wie wir sie tun müssen und ob wir sie tun können: dabei wird die Arbeit nicht bloß im Geist wieder und wieder getan, sondern man erleidet auch zum Voraus alles Unangenehme, was dabei vorkommen könnte.

Niemand kann seine ganze Leistungsfähigkeit für die Arbeit verwerten, der seine Nervenkraft in nutzlosem

Sorgen verbraucht, das heißt verschwendet. Nichts in der Welt untergräbt unsre Lebenskraft, hemmt unser Streben oder erstickt unsre eigentlichen Fähigkeiten so sehr wie das ewige Sorgen. Wie manchen hat es unfähig gemacht, seine Schulden zu bezahlen, weil es ihm alle Energie raubte, seine Gesundheit zerstörte und seine Fähigkeit zu eigenem Schaffen verkümmern ließ.

Hast du je gehört, dass Sorgen irgendetwas Gutes gebracht haben? Haben sie jemals die Lage eines Menschen gebessert? Haben sie nicht immer und überall das Gegenteil von dem bewirkt, was sie wollten, die Gesundheit geschädigt, die Lebenskraft erschöpft, die Leistungsfähigkeit vermindert?

Was würden wir von einem Geschäftsleiter denken, der Angestellte in seinem Dienst duldet, von denen er weiß, dass sie ihn seit Jahren bestehlen, indem sie jeden Tag, mal hier, mal dort, sich etwas aneignen? Aber es gibt Menschen, die in ihrem geistigen Haus an der Quelle ihrer Kraft einen Dieb beherbergen, tausendmal schlimmer als jene, die nur Geld und stoffliche Dinge stehlen, einen Dieb, der ihnen täglich Energie stiehlt, sie um ihre eigentliche Lebenskraft verkürzt und alles zerstört, was ihr Leben lebenswert macht.

Haben wir Mitleid mit den Heiden, die bei ihrem Götzendienst sich alle möglichen grausamen Verletzungen beibringen? Doch viele von uns quälen sich fortwährend mit allen nur erdenklichen Marterwerkzeugen. Wir machen uns unnötige Sorgen, quälen uns unser ganzes Leben damit, dass wir in Gedanken alle möglichen schweren Wege gehen, lange ehe wir wirklich an sie kommen; wir machen uns fortwährend auf lauter Unangenehmes gefasst und leiden ständig unter der Furcht vor Dingen, die niemals eintreffen.

Die Sorge verbraucht aber nicht bloß ganz unnötig Energie, sondern sie schädigt auch die Güte des wirklich Geleisteten. Kein Mensch kann erstklassige Arbeit liefern, wenn sein Geist voller Sorgen ist. Der Geist muss in voller ungehinderter Freiheit arbeiten können, wenn er sein Bestes leisten soll, aber ein durch Sorgen beunruhigtes Gehirn kann nicht klar, lebhaft und folgerichtig denken, die Aufmerksamkeit kann nicht mit derselben Kraft auf *einen* Punkt gesammelt werden, wenn die Gehirnzellen vergiftet sind, als wenn sie von reinem Blut gespeist werden und frei von jeglichem schädlichen Stoff sind.

Die Gehirnzellen werden fortwährend von Blut umspült, aus dem sie ihre Nahrung ziehen; wenn aber das Blut überladen ist mit den Giftstoffen von Furcht und Sorge, Ärger, Hass und Eifersucht, so verhärtet sich der lebende Zellstoff, und so wird also das Gehirn und damit die Denkkraft ganz unmittelbar durch die Sorge geschädigt.

Manche Mutter verschwendet mehr Energie in dem nutzlosen Sorgen und Bangen um ihre Kinder, in dem ständigen Jammern über dieses und jenes, als sie für ihre tägliche Hausfrauenarbeit verbraucht, und da wundert sie sich noch, dass sie am Abend so erschöpft ist, und es kommt ihr niemals zum Bewusstsein, dass sie den größten Teil ihrer Kraft geradezu weggeworfen hat.

Ist es nicht unbegreiflich, dass viele Menschen es fertig bringen, ihre Tage in einem so unaufhörlichen Kreislauf von kleinlichen Sorgen, Ärger und unnützen Reibereien verstreichen zu lassen, dass ihnen plötzlich noch in der Mitte des Lebens das Alter ins Gesicht starrt? Darum sind auch so viele Frauen alt und welk mit kaum dreißig oder vierzig, nicht weil sie so schwere Arbeit getan oder wirklich schwere Zeiten durchlebt haben, sondern wegen dieses beständigen Sichabsorgens, das niemanden auch nur das Geringste nützt und nichts als Unruhe und Friedlosigkeit in ihr Heim getragen hat.

Sorgen lassen eine Frau nicht nur älter aussehen, sondern machen sie tatsächlich älter. Sie sind der Meißel, der die grausamen Furchen ins Gesicht gräbt. Ich habe es erlebt, dass ein paar Wochen voll Kummer und Sorge eine Frau so veränderten, dass ihr ganzes Wesen ein völlig andres war und sie mir fast wie ein fremder Mensch vorkam.

Und dann erleben wir es, wie die Frauen zu Massage, Turnen und Kosmetik ihre Zuflucht nehmen, um die schrecklichen Spuren von Sorge und Gram aus ihrem Gesicht zu tilgen, und wie sie dabei scheinbar gänzlich die Tatsache übersehen, dass sie das beste Mittel, das Allerweltsmittel, in sich selbst haben. Sie fahren fort, sich darüber den Kopf zu zerbrechen, wie sie die Wirkungen allen Kopfzerbrechens beseitigen können.

Kein besseres Mittel, alle Sorgen zu verscheuchen, als dass man sich gewöhnt, und wenn es sein muss sich zwingt, heiter zu sein, die Dinge von der besten Seite zu nehmen und vor den dunklen Seiten des Lebens bewusst und absichtlich die Augen zu schließen.

Viel lässt sich auch dadurch erreichen, dass man sich recht gesund erhält: gute Verdauung, ein reines Gewissen und guter Schlaf werden schon allein mit vielen Sorgen fertig, die ja bekanntlich am besten gedeihen, wenn der Mensch krank ist. Über einen starken, gesunden Menschen, der ein reines, vernünftiges Leben führt, können sie nicht so leicht Macht gewinnen. Sie gedeihen vielmehr bei den Schwachen, deren körperliche Widerstandskraft erschöpft ist.

Wenn du fühlst, dass Furcht oder Sorge dich heimsuchen wollen, so erfülle deinen Geist augenblicklich mit Gedanken des Mutes, der Hoffnung, des Vertrauens. Weigere dich, jene Feinde deines Glückes und deines Erfolges bei dir aufzunehmen und verjage die Blutsauger samt und sonders.

Du kannst sorgenvolle Gedanken leicht bezwingen, wenn du das Gegenmittel kennst, und das hast du immer in dir, du brauchst deswegen in keine Apotheke zu laufen. Du musst an die Stelle von Verzweiflung, Entmutigung, Schwarzseherei und Sorge das Gegenteil setzen: Hoffnung, Mut, Heiterkeit und Frohsinn. Entgegengesetzte Gedanken können nicht zusammen in deinem Geist sein, die guten werden die schlechten austreiben.

54. FURCHT, DER GRÖßTE MENSCHENFEIND

Furcht in all ihren verschiedenen Ausdrucksformen wie Sorge, Angst, Zorn, Eifersucht oder Schüchternheit ist der größte Feind der Menschheit. Sie macht den Menschen zum Feigling, ist schuld an seinen mittelmäßigen Leistungen oder Misserfolgen und raubt ihm mehr Glück und Erfolg als irgendein andres Übel.

Die Furcht hat einen lähmenden und zerstörenden Einfluss auf den ganzen Menschen. Sie zersetzt das Blut, stört die Verdauung, hemmt die Ernährung und setzt die leibliche und geistige Lebenskraft in jeder Welke herab. Sie tötet die Hoffnung und den Mut und schwächt den Geist bis zum Versagen jeder schöpferischen Tätigkeit.

Viele Menschen fürchten sich eigentlich vor allem. Sie fürchten sich vor Zugluft, haben Angst, sich zu erkälten, scheuen sich, zu essen, was sie möchten, wagen keine geschäftlichen Unternehmungen, weil sie ihr Geld verlieren könnten, und fürchten sich vor der öffentlichen Meinung. Sie leben in beständiger Angst vor dem, was die Frau Meier oder Müller sagen wird. Schlechte Zeiten, Armut, Misserfolg, Missernte, Unglücksfälle durch allerlei Unwetter – all diese Möglichkeiten stehen ständig als Schreckgespenst vor ihrer Seele, und der Inhalt ihres Lebens ist Furcht, Furcht und wieder Furcht.

Furcht vernichtet alle Ursprünglichkeit und Kühnheit und tötet das, was am Menschen das Persönlichste ist. Sie wirkt lähmend auf alle geistigen Vorgänge. Nichts Großes kann unter dem Eindruck der Furcht getan werden; die Arbeit, die man unter dem Einfluss irgendeiner bösen Ahnung oder Furcht tut, hat wenig Erfolg. Furcht ist immer ein Zeichen von Schwäche, von Feigheit. Wie viel Jahre unsres Lebens, wie viel zerstörtes Glück und vernichtete Laufbahnen hat dies Ungeheuer auf dem Gewissen!

Eine der schlimmsten Formen der Furcht ist die sogenannte Ahnung: man hat das dumpfe Gefühl, dass ein Übel bevorstehe, und dieses Gefühl hängt über dem Leben wie eine drohende Wolke über einem Vulkan vor dem Ausbruch. Manche Menschen leiden unaufhörlich an derartigen Ahnungen; sie bilden sich ein, irgendein großes Unglück stehe ihnen bevor, sie würden ihr Geld oder ihre Stellung verlieren, oder an einer schleichenden Krankheit zugrunde gehen. Wenn ihre Kinder fort sind, malen sie sich aus, wie sie auf der Eisenbahn oder zur See verunglücken – kurz, sie sind stets auf das Schlimmste gefasst.

Ich kenne einen Mann, der die größte Furcht vor körperlichen Schmerzen hat: er lebt in solcher Angst vor Krankheiten, dass er von allen möglichen glaubt, er bekomme sie, und sich so sein halbes Leben verbittert. Wenn er erkältet ist, so glaubt er eine Lungenentzündung im Anzug; wenn es ihn im Hals kratzt, so ist das ein Geschwür in der Speiseröhre und er muss verhungern; wenn nach einer kräftigen Mahlzeit sein Herz etwas stärker klopft, so kommt ein schweres Herzleiden, wahrscheinlich mit Herzschlag endigend – und andre Torheiten. – Dies ist wohl ein besonders krasser Fall, aber ungeheuer viele Menschen lassen sich ähnlich von Furcht und Ahnungen tyrannisieren. Die Furcht als dauernder Zustand verkürzt das Leben, indem sie alle körperlichen Vorgänge schädigt. Ihr Einfluss zeigt sich auch körperlich darin, dass sie die chemische Zusammensetzung der Ausscheidungen, zum Beispiel des Schweißes, verändert. Die Opfer dieses Zustandes altern nicht bloß früher, sondern sterben sogar früher als andre. O, wie viele Opfer hat die Furcht auf dem Gewissen! Zu allen möglichen Verbrechen hat sie die Menschen getrieben, weil sie sie aus ihrem geistigen Gleichgewicht brachte, und schreckliche Tragödien hat sie verschuldet.

An der Furcht und dem, was ihr verwandt ist, ist auch nicht ein einziger versöhnender Zug: sie ist niemals und nirgends etwas andres als ein Fluch. Ein Mann, der von der Furcht beherrscht wird, ist eigentlich gar kein Mann, sondern nur eine Drahtpuppe, die nach dem Willen eines andern tanzen muss.

Gib es auf, dich vor Dingen zu fürchten, die wahrscheinlich niemals eintreffen, ebenso wie du es aufgeben würdest, etwas zu tun, was dir schlecht bekommt. Wir können jeden Gedanken von Furcht unwirksam machen durch das natürliche Gegenmittel: Gedanken des Muts, der Zuversicht und des Glaubens. Vor allem warte nicht so lange, bis Furchtgedanken deinen ganzen Geist und deine ganze Einbildungskraft überwältigt haben. Verweile nicht bei ihnen, sondern wende schnell das Gegenmittel entgegengesetzter Gedanken an, um den Feind in die Flucht zu schlagen: jede scheinbar noch so starke und noch so tief eingewurzelte Furcht kann durch dieses Gegenmittel überwunden und ausgetrieben werden.

Wenn böse Ahnungen und Sorgengedanken aller Art sich bei dir melden wollen, so schenke ihnen nicht nur kein Gehör und lass sie nicht etwa groß und schwarz werden, sondern versuche, dein ganzes Denken nach der entgegengesetzten Richtung umzuschalten. Anstatt dich dem Gedanken hinzugeben, du könntest eine Aufgabe nicht leisten, weil du zu schwach und nicht genügend vorbereitet seist, halte dich an die Vorstellung, dass du ihr sicher gewachsen bist, weil du schon ähnliche Aufgaben bewältigt hast und weil du alle früher gesammelten Erfahrungen verwerten und dich jetzt erst auf voller Höhe zeigen kannst. Mit solchen Anschauungen, ob wir sie uns bewusst oder unbewusst aneignen, steigen wir höher und höher im Leben.

55. DIE INNERE KRAFT

Ich habe einmal gesehen, wie ein Mann von ganz gewöhnlicher Körperkraft hypnotisiert wurde und, nur mit dem Kopf und den Fersen aufliegend, zwischen zwei Stühlen ausgestreckt schwebte, und sein Körper trug noch die Last von sechs oder mehr Menschen. Zuweilen lässt man sogar ein Pferd auf einem Brett auf dem Körper des Betreffenden balancieren. Dies sind zur Hauptsache geistige Kunststücke, denn ein Mann von einer Durchschnittsstärke könnte ebenso wenig ein mehrere Zentner schweres Pferd oder ein halbes Dutzend schwerer Männer auf seinem nur an zwei Punkten unterstützten Körper tragen, wie er ohne Maschine fliegen könnte. Er könnte sich auch nicht selbst zu der Überzeugung bringen, dass er so etwas vermöchte. Aber in der starken Hypnose, während ihm suggeriert wird, dass er es kann, vollbringt er es mit Leichtigkeit.

Woher kommt ihm diese Kraft, die eine für gewöhnlich so unmögliche Leistung möglich macht? Gewiss nicht von dem Mann, der ihn hypnotisiert hat; der hat bloß die Kraft sichtbar gemacht, die schon in dem andern lag. Die Kraft ruhte verborgen in ihm selber.

Aus diesem unbekannten Innern kommt die Kraft, die unsterbliche Taten vollbringt. Wir fühlen, dass etwas in uns ist, das doch nicht von uns selber stammt, das niemals krank, niemals müde ist und niemals unrecht tut. Hier ist die Heimat der Wahrheit, der Liebe, der Schönheit und der Gerechtigkeit. Hier herrscht die innere Schönheit. Hier wohnt „der Friede, welcher höher ist als alle Vernunft".

Es lebt etwas im Menschen, das nicht schlecht und unsittlich oder befleckt werden kann, das immer wahrhaftig und rein ist; das ist das Göttliche, die ihn wiederherstellende Kraft, die auch in dem Verkommensten noch als Sauerteig wirkt und ihn umwandelt, bis er zu dem Gott und dem Guten, die er verlassen hat, und zu seinem natürlichen Zustand zurückkehrt; und ein natürlicher Mensch kann nur das Gute wünschen, weil er nach dem Plan des Rechts und der Gerechtigkeit, der Wahrheit und der Tugend geschaffen ist.

Jeder hat Augenblicke, in denen ihm eine Ahnung aufgeht von den Möglichkeiten, die in ihm schlummern. Vielleicht ist es der Verlust eines geliebten Wesens, oder ein begeisterndes Buch oder ein treuer Freund – jedenfalls sind wir ein ganz andrer Mensch, wenn wir die Berührung mit der Quelle allen Lebens einmal gefühlt haben.

Wenn ein Mensch fühlt, wie der mächtige Strom der Wahrheit und der Gerechtigkeit sein Inneres durchfließt, so weiß er, dass er im Bunde mit dieser Kraft der Stärkere bleibt, selbst wenn die ganze Welt gegen ihn ist.

Warum war Lincoln eine solche Macht in der Welt? Nicht allein durch seinen Verstand, sondern durch die sittliche Kraft, die in ihm war, die unbedingte Wahrheit und Gerechtigkeit, die aus allen seinen Handlungen sprach. Das war die Grundlage seiner Macht.

Wenn wir Menschen nur mit dieser göttlichen Kraft in uns, die niemals stirbt, niemals krank wird, niemals sündigt, in Harmonie sein könnten, dann würden wir den höchsten Zustand erreichen, dessen wir fähig sind.

Der Arzt der Zukunft wird seinen Kranken lehren, dass die schöpferischen Vorgänge in ihm nie still stehen, dass dieselbe Kraft, die ihn geschaffen hat, sein ganzes Leben lang in ihm wirkt, ihn immer wieder erneuert: in demselben Augenblick, wo ein Knochen bricht oder ein Muskel zerreißt, setzt auch die Heilung schon ein. Und wenn nicht unsere Erziehung, unsre Vorurteile und Ansichten diese schöpferischen Vorgänge hemmten, sondern wir vielmehr dahin gebracht würden, sie zu fördern, so ginge die Heilung viel schneller und vollkommener vor sich.

Die Kraft, die uns geschaffen hat, ist dieselbe Kraft, die uns jede Nacht im Schlaf neu macht, die fortwährend alle Zellen unsres Körpers erneuert.

Tausende von Menschen gehen durchs Leben und dringen nie weit genug in die Tiefe ihres Bewusstseins, um die starke lebendige Quelle zu treffen, aus der ihnen alles zuflösse, was sie bedürfen. Daher bleibt ihr Leben trocken, dürr und unfruchtbar. Aber wenn wir nur tief genug in unser eigenes Innere eindringen, so werden wir auf den Strom lebendigen Wassers stoßen, aus dem ein einziger Trunk unsern Durst auf ewig stillt, unsern Durst und jeglichen Mangel, denn alles Gute dieser Erde ist dann unser.

Kein Leben ist arm und elend, wenn es in den Armen des Ewigen ruht, inmitten des wahren Überflusses, an der Quelle allen Lebens.

56. HEILUNG VON FEHLERN

Wir fangen eben an, etwas über die Entwicklungsmöglichkeiten unsres Geistes zu lernen und machen auf dem Gebiet der Gedankenbeeinflussung und Charakterbildung von Tag zu Tag neue Entdeckungen, die noch unsre ganzen Erziehungsmethoden umstürzen werden.

„Es ist der Geist, der sich den Körper baut.“ Unser Körper ist krank oder gesund, in einem Zustand von Harmonie oder Unbehagen, je nach der dauernden Richtung unsrer Gedanken und der Gedanken derer, von denen wir abstammen.

Bei Menschen, die diese Tatsache eingesehen haben, hat sich durch fortgesetztes richtiges Denken der Gesichtsausdruck in einem einzigen Jahr so verändert, dass man sie kaum wieder erkennt. Ihre Gesichter, die sonst von Kummer und Sorge durchfurcht, durch Ärger und Leidenschaften entstellt waren, sind jetzt zu einem Spiegel der Hoffnung, innerer Freudigkeit und Heiterkeit geworden.

Die meisten von uns haben wohl schon die überraschenden Wirkungen einer plötzlichen inneren Wandlung an sich erlebt, die ganz unerwartet einsetzte, alle

Sorgenwolken verscheuchte und uns, wenigstens eine Zeitlang, mit völlig andern Augen ins Leben blicken ließ. Wir waren mutlos und niedergeschlagen, sahen alles in den schwärzesten Farben, da erhielten wir vielleicht plötzlich irgendeine glückliche Nachricht, oder ein guter Freund, den wir lange nicht gesehen hatten, besuchte uns, oder wir machten einen Ausflug aufs Land hinaus – und all unser Weh schwand vor den belebenden Strahlen dieser neuen Anregung. Auch auf Reisen können wir erleben, welch wunderbaren Einfluss große, schöne und erhabene Eindrücke auf unser Gemüt ausüben. Da genügt oft ein kurzer Ausblick auf eine besonders schöne Gegend, oder der Anblick eines Kunstwerkes, das wir vielleicht schon aus Büchern kannten und uns längst zu sehen gewünscht hatten, um uns zeitweise alle sorgenden Gedanken völlig vergessen zu lassen, die noch vor kurzem unser Glück störten.

Viele Menschen, die sich ihrer mannigfachen guten Gaben wohl bewusst sind, fühlen dabei doch große Lücken in ihren Anlagen und Eigenschaften und lassen sich von diesem Gefühl so beeinflussen, dass sie das schöne Selbstvertrauen, die Grundbedingung allen Erfolges, verlieren. Diese Mängel und Schwächen rühren oft nur davon her, dass der Teil des Gehirns, der der Sitz jener Eigenschaften ist, nicht genug durch Übung entwickelt worden ist. Es ist aber durchaus möglich und wohl ausführbar, diese fehlenden Eigenschaften und Fähigkeiten allmählich heranzubilden, zu stärken, und sie auf einen guten Durchschnittsgrad zu bringen.

Das Gehirn bildet sich nach der Art seiner Tätigkeit, nach den Triebkräften, die diese beeinflussen, und nach den Verhältnissen, in denen der Mensch lebt.

Das Gehirn des Menschen, der ein angestrengtes Großstadtleben führt, arbeitet sehr anders als das eines ruhigen Landbewohners. Durch die Fülle von Vorstellungen, mit denen der Geist in der Großstadt ständig zu arbeiten hat, werden seine Kräfte bedeutend vielseitiger entwickelt. Der Städter denkt schneller, seine Bewegungen sind rascher, seine Beobachtungen schärfer durch die Fülle schwieriger und dringender Forderungen, die an ihn gestellt werden.

Wenn du dir einer geistigen Schwäche, einer ungenügend entwickelten Fähigkeit bewusst bist, die du gerne stärken möchtest, so denke nur mit aller Macht an die ersehnte Eigenschaft. Die Gehirnzellen, die jenen Teil des Gehirns ausmachen, werden gestärkt dadurch, dass deine Gedanken sie durchströmen. Schöpferische, bejahende, hoffnungsvolle, zuversichtliche Gedanken stärken die Fähigkeit, ebenso wie Zweifel und Mangel an Zuversicht sie schwächen.

Wenn du an innerer Unsicherheit, an mangelnder Entschlussfähigkeit leidest, nimm nur einmal eine entschlossene geistige Haltung an. Sage dir beständig, dass du wohl imstande bist, kluge, feste, unwiderrufliche Entscheidungen zu treffen. Lass den Gedanken an Schwäche gar nicht in dir hochkommen.

Nicht nur, dass wir geistigen Schwächen und Mängeln abhelfen können, sondern es ist uns auch durchaus möglich, unser gesamtes Können durch die Macht der Gedankenbeeinflussung zu heben, ja, unsre geistigen Fähigkeiten sind sogar besonders empfänglich für Verbesserung und Erweiterung.

Ungezählte Menschen lassen ihren Geist schmachten in den Fesseln von Unwissenheit und Aberglauben, oder lassen ihn verkümmern unter dem Druck von Kummer und Sorge, sodass er nicht ein Zehntel seiner vollen schöpferischen Kraft entfalten kann. Sie wissen überhaupt nicht, was geistige Freiheit bedeutet. Furcht, Hass und andre ungezügelte Leidenschaften, die jedes fruchtbare Denken unmöglich machen, halten ihren Geist in Banden.

Aber es ist gar nicht so sehr schwer, hier helfend einzugreifen, wenn wir das Gesetz der Umbildung richtig erfasst haben. Es handelt sich einfach darum, den Knäuel von der andern Seite abzuwickeln.

Wir haben so viele Beispiele von verkümmerten Talenten, die sich unter veränderten Verhältnissen und in einer neuen Tätigkeit plötzlich lebhaft entwickelten, während ihre Besitzer vorher nicht einmal wussten, dass sie in dieser Richtung besonders begabt seien. Oft bleiben ganz starke Fähigkeiten so gut wie unentwickelt, weil sie, durch unsern Beruf und unsre gewöhnliche Gehirntätigkeit nicht berührt, gar nicht aus ihrem Schlummer geweckt werden.

Andrerseits haben viele Menschen es fertig gebracht, Teile ihres Gehirns vollständig umzuwandeln und Fähigkeiten, die von Natur schwach oder durch Mangel an

Übung verkümmert waren, bewusst und mit Erfolg zu stärken. Ja, es gibt Fälle, wo gewisse geistige Anlagen überhaupt fehlten und dann doch herangebildet wurden, bis sie zu einer wertvollen Charakterstütze wurden.

Das Gehirn ist sehr anpassungsfähig. Jeder Beruf stellt verschiedene Ansprüche und entwickelt besondere Eigenschaften und Fähigkeiten, und in dem Maß, wie die verschiedenen Berufszweige sich erweitern, wächst auch die Anpassungsfähigkeit, wodurch der Fortschritt der Menschheit als Ganzes allmählich an Vielseitigkeit und Stärke gewinnt.

Die Wissenschaft der Gehirnbildung wird uns lehren, wie wir gefährliche Anlagen bekämpfen und ausrotten können, und wie wir unsre schwachen Seiten, die uns jetzt so oft hemmen, mit Erfolg stärken. Wir werden einsehen, dass es vor allem auf eine gleichmäßig allseitige Geistesausbildung ankommt, und dass es verkehrt ist, nur eine oder einige besondere Fähigkeiten zu entwickeln, andre dagegen, die vielleicht ebenso wichtig sind, durch Brachliegen verkümmern und absterben zu lassen. Diese einseitige Ausbildung ist nicht nur keine wahre Bildung, sondern sie ist ein Fluch für die Kultur und eine große Gefahr für die geistige Gesundheit der Menschen.

57. FREUNDE UND FEINDE UNSERES GEISTES

Es liegt in unsrer Hand, ob wir aus unserm Geist eine Sammlung herrlicher Bilder oder eine Schreckenskammer machen wollen; wir allein sind es, die ihn mit Inhalt erfüllen.

Was folgt daraus? Wenn Diebe in dein Haus eindringen und deine Schätze wegtragen, das ist schon schlimm genug. Aber tausendmal schlimmer ist es, wenn du es zulässt, dass die schlimmsten Feinde, die es für dich gibt – Gedanken der Missstimmung, der Krankheit, der Eifersucht und des Neides – in deinen Geist eindringen und dir den Frieden und die Seelenruhe rauben, ohne die das Leben zur Hölle wird.

Unser Denken vollzieht sich in geistigen Bildern. Aber jedes derartige Bild hat das Bestreben und das Vermögen, sich irgendwie in Wirklichkeit umzusetzen; es wirkt sich aus in unsrem Leben oder es hinterlässt seine Spuren in unsrem Charakter. An dieser Verwirklichung arbeitet unser ganzer Körper mit.

Die ungeheure Macht des Gedankens gewahren wir manchmal mit erschreckender Deutlichkeit, wenn wir sehen, wie schwere Sorgen, Enttäuschungen oder Verluste die Art eines Menschen so verändern, dass ihn seine Freunde kaum wiedererkennen.

Der endgültige Wert unsrer Leistungen hängt sehr wesentlich davon ab, wie weit wir uns in geistiger Harmonie erhalten und die Gedankenfeinde vertreiben können, die uns schwächen und niederdrücken.

Wir denken viel zu wenig an die Kraft, die in dem Gegensatz der Gedanken verborgen liegt. Und doch empfinden wir alle, welche geradezu körperlich fühlbaren Wirkungen Mut und Hoffnung auf uns ausüben und wie sie uns bis in die Fingerspitzen mit neuer Kraft durchdringen, uns verjüngen und gleichsam umwandeln. Sie wirken auf uns wie ein elektrischer Strom von Glück und Freude und verlängern unsre Lebensdauer.

Jeder Mensch baut sich seine Welt selber und schafft sich seinen eigenen Dunstkreis. Er kann ihn mit Furcht und Zweifel, Mutlosigkeit und Schwermut erfüllen und so sein Leben zum Schlimmen und zum Unglück bestimmen; er kann ihn aber auch rein und klar erhalten, indem er alle solche Gedanken vertreibt wie die Sonne die Wolken.

Wer es gelernt hat, seine Gedanken richtig zu lenken, der kann Verzweiflung durch Hoffnung, Zaghaftigkeit durch Mut, Unentschlossenheit, Zweifel und Unsicherheit durch entschlossenes, sicheres Auftreten verdrängen. Wer sich die Feinde seines Erfolgs fernhalten kann dadurch, dass er seinen Geist mit freundlichen, zuversichtlichen, hoffnungsvollen Bildern erfüllt, der hat einen ungeheuren Vorteil gegenüber dem, der das Opfer düsterer, schwarzseherischer Stimmung ist, und leistet mit geringerer Begabung doch mehr als der andre, der vielleicht viel höher begabt ist.

Wie wir uns auch unser Leben einrichten, dies eine müssten wir uns alle zur Regel machen: Gedanken der Missstimmung, der Krankheit, der Eifersucht und des Neides dürfen nicht in unsern Geist eindringen.

Wie viele zerstörende Reibungen könnten wir vermeiden, wenn wir schon in der Jugend dazu erzogen worden wären, die Tür unsrer Gedankenwelt vor allen schädlichen Gedanken zu verschließen und nur solche Gedanken in unsrem Geist zu dulden, die erhebend, ermutigend, erfrischend und beglückend wirken. Haben doch düstere Gedanken der Schwermut oft einem Menschen in wenigen Stunden mehr Energie und Lebenskraft geraubt, als Wochen schwerer Arbeit es vermocht hätten.

Um unsre Gedankenfeinde loszuwerden, braucht es dauernde, wohlüberlegte Arbeit. Können wir doch auch sonst im Leben nichts Wichtiges ohne Tatkraft und Entschlossenheit durchsetzen, wie wäre es uns da wohl möglich, uns die schlimmsten Feinde unsres Friedens und Gedeihens fernzuhalten, wenn wir ihnen nicht mit aller Kraft Widerstand leisten, sie verjagen und ihnen die Tür verriegeln?

Es ist bei den Gedanken wie bei allem in der Welt: Gleiches zieht Gleiches an. Die Gedanken, die im Geist die herrschenden sind, treiben die andern aus; Hoffnungsfreudigkeit vertreibt die Schwermut, Mut vertreibt die Verzagtheit. Erfülle dein Herz mit Sonnenschein der Liebe, und die schwarzen Schatten des Hasses und der Eifersucht schwinden dahin.

Nicht oft genug, nicht kräftig genug kannst du dir den Gedanken vorhalten, dass du zum Ebenbild der höchsten Weisheit, Schönheit, Wahrheit und Liebe geschaffen bist und diese Eigenschaften, nicht ihr Gegenteil, in deinem Leben ausprägen sollst. Sage dir selbst: „So oft ich einen Gedanken des Hasses, der Rache, der Mutlosigkeit oder Selbstsucht in mir hochkommen lasse, versündige ich mich an mir selbst. Ich bedrohe dadurch meinen inneren Frieden, mein Glück und meinen Erfolg. All diese Gedankenfeinde hemmen mein Weiterkommen im Leben. Ich muss sie sofort vernichten, durch ihre Gegner unschädlich machen."

Halte deinen Geist beständig erfüllt mit guten, edlen, selbstlosen und hilfreichen Gedanken, Gedanken der Liebe, der Wahrheit, der Gesundheit, der Harmonie – dann verschwindet der Missklang von selbst. Zwei entgegengesetzte Gedanken können nicht zusammenwohnen.

Liebe, Güte und Wohlwollen – das sind die edlen, lebenspendenden und erhöhenden Gefühle und Gedanken. Sie machen uns gesund und stark, sie bringen uns zur Harmonie mit dem Unendlichen.

Wenn wir barfuß gehen, lernen wir bald den scharfen Steinen und spitzen Dornen aus dem Weg zu gehen, aber ebenso müssen wir den Gedanken aus dem Weg gehen, die uns schädigen und hässliche Narben in unsrem Geist zurücklassen, den Gedanken des Hasses, der Eifersucht und der Selbstsucht. Und das ist wahrhaftig keine unlösbare Aufgabe; wir müssen nur die Freunde einlassen und festhalten und die Feinde ausschließen.

ÜBER DEN AUTOR

O. S. Marden war ein amerikanischer Hotelbesitzer und Autor, der von 1850 bis 1924 lebte. Nachdem beide Eltern vor seinem 7. Geburtstag starben, verbrachte er mehrere Jahre im Waisenhaus - schaffte es aber trotz widriger Umstände aufs College. Sein Jurastudium schloss er 1871 ab und studierte anschließend Medizin an der Harvard-University, sowie Theologie und erwarb weitere Abschlüsse. Während seiner Studienzeit arbeitete er in der Hotelbranche, bevor er schließlich zum Hotelbesitzer aufstieg. Beeinflusst durch das Buch "Selbsthilfe" des schottischen Autors Samuel Smiles, das ihn schon in seiner Jugend prägte, veröffentlichte er 1894 sein Werk "Pushing to the Front". Mit seinen Büchern und seiner 1897 gegründeten Zeitschrift "Success" erreichte er hunderttausende Leser in Amerika und Europa. Nicht wenige führten ihren eigenen Erfolg auf deren Lektüre zurück. Zu den Lesern gehörten u. a. Henry Ford, Thomas Edison, Harvey Firestone und J. P. Morgan. Seine Botschaft, unsere Fähigkeiten und Talente voll zu entfalten, unsere Ziele beharrlich und ausdauernd zu verfolgen und im Berufs- sowie im Privatleben „nach Höherem“ zu streben, hat nichts an ihrer inspirierenden Wirkung verloren.

DIE ERFOLGSKLASSIKER

Weitere Bücher von Orison Swett Marden, Leseproben und mehr auf www.Erfolgsklassiker.de.

Wer sich viel zutraut, wird viel leisten!
„Man kann auch so leben und ein nützliches Mitglied der menschlichen Gesellschaft sein, gewiss. Aber wenn du so viel als möglich aus dir herausholen willst, wenn du danach strebst, deine Kräfte möglichst voll und weit zu entfalten – dann darfst du nicht damit zufrieden sein, dass du jemand anders für dich denken lässt und nur seine Gedanken ausführst."
Erstveröffentlichung: 1920 – 145 Buchseiten, 18 Kapitel.

Was dir gegeben, bring es zum Leben!
„Wenn ein Mensch ohne Plan und Ziel dahinlebt, wie kann er da erwarten, dass er irgendetwas anderes erreicht als ein zielloses Dasein? Ein klarer, fester Vorsatz übt einen gewaltigen Einfluss auf die ganze Lebensgestaltung aus; er fasst alle unsere Leistungen wie in einen Brennpunkt zusammen und gibt unsrer ganzen Arbeit eine bestimmte Richtung, so dass jeder einzelne Schritt wertvollen Fortschritt bringt."
Erstveröffentlichung: 1913 – 166 Buchseiten, 17 Kapitel.

Was du tust, bring es zu Ende!
„Eines der wichtigsten Vorzeichen des Erfolges ist die brennende Sehnsucht, seine Sachen wirklich fertig zu machen und im Kleinen ebenso genau zu sein wie im Großen."
Erstveröffentlichung: 1920 – 45 Buchseiten, 9 Kapitel.

Wille und Erfolg
Dieses Buch enthält die Vorgehensweisen und Methoden bedeutender Persönlichkeiten der Geschichte. Persönlichkeiten wie Napoleon, Beethoven, Michelangelo, Shakespeare, Luther und viele weitere.
Erstveröffentlichung: 1925 – 160 Buchseiten, 13 Kapitel.

Der Schlüssel zum Wohlstand
„Die ganze Summe unseres Lebens ist die Summe dessen, worauf wir unsere Gedanken eingestellt haben. Was im Brennpunkt unseres Innern stand, ob Armut oder Reichtum, Erfolg oder Misserfolg, das ist es, was in unserem Leben zur Wirklichkeit werden wird. "
Erstveröffentlichung: 1924 – 155 Buchseiten, 23 Kapitel.

Der außergewöhnliche Angestellte
„Nimm dir fest vor, dass jede Arbeit von dir in ihrer Art ein Meisterstück sein soll, dann wird auch dein ganzes Leben ein Meisterstück sein, denn die Art der Arbeit, die du dir angewöhnst, beeinflusst dein Leben in jeder Weise. Gewissenhaftigkeit allein verbürgt sicher den Erfolg, einmal in deinem Innern, in der Festigung deines Charakters, dann im Äußern, in deiner Leistungsfähigkeit, und schließlich auch im Äußerlichsten, im Vorwärtskommen und im Aufsteigen zu höheren, verantwortungsvollen Stellungen."
Erstveröffentlichung: 1913 – 75 Buchseiten, 19 Kapitel.

Charakter – eine Macht
Die Welt ruft: „Wer rettet uns? Wir brauchen einen Mann." Suche diesen Mann nicht gar so weit. Er ist dir ganz nahe; dieser Mann – du bist es, ich bin es; jeder von uns ist es! – Wie aber soll man sich selbst zum Mann machen? Nichts ist schwerer, wenn man es nicht zu wollen versteht; nichts leichter, wenn man es will.
Dumas.
Erstveröffentlichung: 1911 – 65 Buchseiten, 9 Kapitel.

Wie man an die Spitze kommt
„Der Verfasser will dem jungen Mann zeigen, dass „ziemlich gute“ Leistungen und niedrig gesteckte Ziele eben auch nur mittelmäßige Erfolge bedeuten, dass zu glänzenden Ergebnissen ausgezeichnete Leistungen erforderlich sind. Er ist bestrebt, dem Jungen den Weg zu weisen zum Erfolg, damit er den rechten Platz im Leben findet und behaupten kann.“
Erstveröffentlichung: 1913 – 180 Buchseiten, 44 Kapitel.

Die Macht des Gedankens
„Starker Glaube an sich selbst vernichtet allen Zweifel, alle Unsicherheit, alles was den Geist von einer Sache abzieht, und stärkt so die Kraft zur Sammlung aller Geisteskräfte auf einen Punkt: dadurch wird ein stetiges Vorwärtsschreiten in derselben Richtung, ohne Ablenkung und Zerstreuung der Energie, möglich.“
Erstveröffentlichung: 1921 – 155 Buchseiten, 21 Kapitel.

Die Wunder des rechten Denkens
„Es kommt gar nicht in erster Linie darauf an, wie groß die ursprünglichen Fähigkeiten eines Menschen sind: seine Selbsteinschätzung bestimmt das Ergebnis ihrer Betätigung. Wenn ein Mensch nur ein Talent, aber einen starken Glauben an sich selbst hat, so leistet und erreicht er viel mehr als ein anderer, der fünf oder zehn Talente, aber kein Selbstvertrauen besitzt.“
Erstveröffentlichung: 1911 – 165 Buchseiten, 15 Kapitel.

Kraft, Gesundheit und Wohlstand
„Emerson sagt: „Wenn du eine Tugend gern haben möchtest, so musst du tun, als ob du sie schon hättest; wie ein großer Schauspieler ganz erfüllt ist von dem Charakter der Rolle, die er spielt, so musst auch du diese Tugend spielen und so lebendig als möglich darstellen – dann erwirbst du sie.“ Wie groß auch eine bestimmte Schwäche bei dir sein mag, du musst dich energisch und dauernd in das Gegenteil hineindenken, bis dir dieser Gedankengang zur

andern Natur wird. Halte dir das Ideal eines Menschen vor, der sich vollkommen in seiner Gewalt hat. Der Weg, auf dem man etwas erreicht, besteht darin, dass man sich „mit ganzer Seele, mit ganzem Gemüt und mit allen seinen Kräften“ danach streckt und reckt, und der Erfolg richtet sich genau nach dem Grad der Energie unsres Strebens.“
Erstveröffentlichung: 1922 – 128 Buchseiten, 16 Kapitel.

Die Erfüllung aller Wünsche
„Den Reichtum zu wünschen, sich danach zu sehnen, seinen Sinn fest darauf zu richten, zieht ihn noch nicht herbei. Das ist nur der erste Schritt. Unverrückt musst du dein Gedankenbild des Reichtums und Gedeihens festhalten, aber du musst es auch noch durch planmäßiges Vorgehen, durch gesunden Menschenverstand unterstützen, wie es alle erfolgreichen Menschen bei ihrer Arbeit gemacht haben. Du kannst dir dein Leben lang Überfluss und Wohlergehen erträumen und dennoch im Armenhaus sterben, wenn du die Verwirklichung deines Traumes nicht durch geschäftsmäßige Tüchtigkeit unterstützt. Das heißt, du musst planmäßig, geordnet verfahren, genau und fleißig sein. Alles, was du tust, musst du aufs Beste tun. Du musst dich mit deiner ganzen Tatkraft, mit vollem Herzen deiner Arbeit, deinem Beruf, deiner Aufgabe widmen.“
Erstveröffentlichung: 1920 – 170 Buchseiten, 11 Kapitel.